自主教养

焦虑时代的父母之道

赵昱鲲 著

北京科学技术出版社

图书在版编目（CIP）数据

自主教养：焦虑时代的父母之道 / 赵昱鲲著 . —北京：北京科学技术出版社，2017.9（2022.11 重印）

ISBN 978-7-5304-9265-9

Ⅰ . ①自… Ⅱ . ①赵… Ⅲ . ①家庭教育—教育心理学 Ⅳ . ① G780

中国版本图书馆 CIP 数据核字（2017）第 221745 号

策划编辑：刘　宁
责任编辑：刘　宁
装帧设计：博越创想
责任印制：吕　越
出 版 人：曾庆宇
出版发行：北京科学技术出版社
社　　址：北京西直门南大街 16 号
邮政编码：100035
电　　话：0086-10-66135495（总编室）　0086-10-66113227（发行部）
网　　址：www.bkydw.cn
印　　刷：三河市华骏印务包装有限公司
开　　本：889mm × 1130mm　1/16
字　　数：220 千字
印　　张：17.5
版　　次：2017 年 9 月第 1 版
印　　次：2022 年11月第 8 次印刷
ISBN 978-7-5304-9265-9

定　　价：49.80 元

献给我的孩子

孩子

纪伯伦

你们的孩子，都不是你们的孩子，

乃是生命自己所渴望的儿女。

他们是借你们而来，却不是从你们而来，

他们虽和你们同在，却不属于你们。

你们可以给他们爱，

却不可以给他们思想，

因为他们有自己的思想。

你们可以荫庇他们的身体，

却不能荫庇他们的灵魂，

因为他们的灵魂，住在明日的宅中，

那是你们在梦中也不能想见的。

你们可以努力模仿他们，
却不能使他们像你们，
因为生命是不倒行的，
也不与昨日一同停留。

你们是弓，
你们的孩子是从弦上发出的生命的箭矢。
那射者在无穷之中看定了目标，
也用神力将你们引满，
使他的箭矢迅疾而遥远地射了出去。

让你们在射者手中的弯曲成为喜乐吧，
因为他爱那飞出的箭，
也爱那静止的弓。

作者序 你为什么养育孩子

这些年，我一直都在等，等有父母来问我：“昱鲲，你说人为什么要养育孩子呢？”

很遗憾，这样的父母我没有等到。所有来找我咨询的父母，问的问题都是：“我该怎么做，才能让孩子听话（讲礼貌、喜欢上钢琴……）？”或者“孩子要学好英语（提升注意力、跟其他小朋友打成一片……），用什么方法比较好？”

流风所及，去年我在喜马拉雅FM上做了一个育儿音频节目，同事给我的第一个警告也是“少谈些主义，多解决问题”。理由很简单：“现在的父母都讲究实用，那些理念有什么用？要接地气！”

但我始终认为，知道为什么做，比做什么、怎么做更重要。如果看不见旅程的全景，你就会迷失在歧途分叉中。如果不知道做一件事的终极目的，你就会为细节问题纠结焦虑。

育儿，最重要的是知道你为什么养育孩子。是因为家族长辈的压力、婚姻稳定的需要，还是因为对创造新生命的渴望、与新生命一起成长的欣喜？亦或只是一种无意识的从众、一次不期而遇的意外？

想通了为什么，做什么、怎么做就容易得多。

英语启蒙怎么做、要不要上早教班、和其他孩子发生冲突了怎么办……这些问题当然也重要，但都属于父母之术的层面。这样的问题在育儿过程中无穷无尽，带来的烦恼层出不穷。如果术的背后没有道的统领，育儿就会变成一堆琐碎事务的集合，一浪又一浪地拍打着你的耐心。所以，我不顾朋友的反对和同事的警告，写了这本讨论为什么的《自主教养：焦虑时代的父母之道》。

本书的前两章讨论了“你为什么养育孩子”这个根本问题。我认为：

养育，是父母自我完善的一个过程；不要妄想把孩子塑造成你想要的样子，而要帮助孩子成为他自己。我相信，这是帮助你从育儿焦虑中解脱的真正的父母之道。

当然，只有理念，没有方法也不行。套用孔子的话说：有术无道则罔，有道无术则殆。因此，在随后的章节里，我按照人类自主理论的框架（详见第二章第四节），以最新的心理学研究为基础，结合我个人的育儿经验，梳理了一套实用方法体系，帮助你培养自主的孩子。

首先，中国父母普遍使用心理控制的方法养育孩子，从表面上看，孩子在自觉地努力学习、乖乖听话，但是他这样做并不是出于自己的意愿，而是为了满足别人的期望，在短期内能取得好成绩，但从长期看会损害孩子的心理健康。所以，第三章我就重点讲讲如何减少对孩子的心理控制。

第二，用奖赏、惩罚规范孩子的行为，也是中国父母常用的教养方法。这种教养方法强化了孩子做事的外部动机，使孩子难以形成真正的自我。虽然很多父母对这种教养方法的弊端已经有所认识，但是还有一些隐性的外部动机赏罚法，家长可能没有意识到，我会在第四章详细讲一讲。

第三，要发展健全的自我，需要满足三个基本心理需求，即自主、胜任和关系。换句话说，如果你让孩子自己选择一件事，并且支持他把这件事做到最好，那他最有可能在这件事上发展出自主动机。第五章就是从这三个方面展开讲解。

第四，自主教养绝对不是让孩子自己想怎么样就怎么样，相反，自主教养非常看重培养孩子的价值观。在第六章，我既会讲一些培养价值观的基本原则，也会从善良、真诚、公平、欣赏、宽恕、合作等基本价值观的角度举例说明。

最后，第七章是讲自主的最高表现：内在动机。怎样让孩子发展出兴趣和创造力？在21世纪，这将是决定孩子是否成功最重要的因素。

自主教养并不容易，尤其在孩子还小的时候，它需要你克制自己本能的情绪反应和环境压力，解决起问题来似乎也没有那些常见的教养方式那么短平快。但它越往后越容易，因为它是真正从治本的角度解决育儿问题，而不仅仅是使问题赶紧消失。无论你是急着让孩子听你的话，还是草草地满足孩子的愿望，都只是暂时平息了问题，推迟了问题更猛烈爆发的时间。**自主教养则致力于让孩子发展出健康的自我，你会收获一个自觉、讲理、友善、蓬勃的孩子，一个真正爱你的孩子，一个内心强大的孩子。**也只有在这样的过程中，你才能真正放下育儿的各种焦虑，享受育儿的真正意义：陪伴孩子，一起成长。

目录

第一章

你的焦虑，多半是自找的

焦虑来自对不确定性的恐惧。现代社会的飞速发展，既为人们的发展提供了无限多的可能性，又让人们对无法预知的未来充满焦虑。虽然做父母的总是忍不住想象孩子的未来，但在无限多的可能性中，孩子到底会有怎样的人生，是你无法决定的。无论你怎样焦虑，都不可能消除生命成长的不确定性。与其庸人自扰，不如用开放的心态拥抱不确定的未来，你失去的是担心孩子偏离你设计的人生之路的焦虑，得到的将是孩子自己开创未来的惊喜。

第一节 你眼中的老虎，也许只是野猫

焦虑是人类一种正常的情绪反应，表示可能有危险或者威胁即将来临。比如，傍晚你在村子外面看见几只老虎，你一定会被吓得魂飞魄散，心急火燎地回到村子里，通知大家夜里加强警卫、遍插火把。你自己一夜不睡，提心吊胆地拿着长矛、弓箭守在家人身边，第二天一早组

织村民一起去打老虎。

如果你在村子外面看见的是几只狐狸，你会心里一沉，告诉村里的人要当心，回家把篱笆扎好、鸡窝关好。夜里你也睡不踏实，听到风吹草动就会被惊醒，第二天或许也会叫上几个人去打狐狸。

如果你在村子外面看见的是几只野猫，你会皱一下眉头，在路上遇到邻居，你要提醒他几句，回家后把晒在外面的咸鱼、肉干收好，然后在睡前再想想有什么地方没有照料到，想完差不多也就睡着了。

这些反应都是正常的，它们的特点是，焦虑程度与事情的危险程度相一致。这正是人类进化出焦虑情绪的原因——提醒人们危险临近，要提前做好准备。

如果来的明明只是几只野猫，你却好像看见老虎似的，惊慌失措地跑回村里大喊大叫：“不好了！野猫来了！大家要小心啊！”然后把村里的青壮年都组织起来，轮流值夜巡逻，自己一夜不睡守着家里的咸鱼、肉干，第二天一早便组织村民一起去打野猫。**对野猫产生了对老虎的反应，这就是过度焦虑了。**

现在，很多父母都处于过度焦虑的状态。

孩子只不过是一次数学考试没考好，就头皮发麻：“完了，看来他没有数学天分，以后小升初、中考、高考可怎么办呢？数学是高考必考的科目，看来他上不了好大学了。上不了好大学，一辈子不就完了吗？！”然后半夜披衣起床，上网搜索提高孩子数学成绩的方法，第二天一早又到处打听哪里有好的数学培训班，晚上就带着孩子去交钱报名了。

还有些父母，好像如果没有事情可以焦虑就活不下去似的。先是焦虑孩子说话晚，孩子会说话了，又焦虑孩子没礼貌、乱打人；孩子不打人了，又开始焦虑孩子学不会拼写；孩子会拼写了，又焦虑孩子在班上不主动发言……总之，前面的焦虑刚消失，后面的焦虑便接踵而至。

焦虑虽然是大自然赋予人类的一种武器，让我们可以为应对威胁、远离危险做好准备，但如果你滥用了这个武器，往往适得其反。

这就好像人类天生喜欢吃甜食和肉食，是因为在生产力低下、食物短缺的远古时期，甜食和肉食能够提供更多的热量和蛋白质，喜爱高糖、高脂肪食物的人更容易在可能发生的饥荒中存活下来。可在食物充足的现代社会，如果你还毫无节制地大吃蛋糕和炸鸡，那肯定会落下肥胖、冠心病等一身现代病。

焦虑有益还是有害，关键在于度——焦虑程度要与事情的危险程度相匹配。老虎会吃了你，非常危险；狐狸会吃你家的鸡，使你的财产遭受重大损失；野猫会偷你家的鱼，当然也是一种财产损失，但你辛苦一点儿，多打点儿鱼回来就弥补了（下一页图a）。面对这三种危险，你的焦虑水平应该和它们对你造成的威胁相匹配：对老虎产生的焦虑最多，狐狸次之，野猫最少（下一页图c）。

在远古时期，老虎是实实在在的威胁，你不用焦虑提醒自己，它就会吃了你。还有灾荒、凶杀、疾病（一次普通的发热很可能最终发展为当时无药可治的肺炎），每个都会要了你的命。那时候，你确实应该经常焦虑。但在现代社会，老虎级别的威胁不常发生，在大部分人的生活中，最常发生的是野猫级别的问题（图b）。但现代人并没有因此减少焦虑，因为现代人的特点是——“有焦虑想办法应对焦虑，没有焦虑就想办法创造焦虑”。在没有老虎的情况下，人们经常把野猫当成老虎，以满足内心呼唤焦虑的需求，过度焦虑就是这样“炼”成的（图d）。

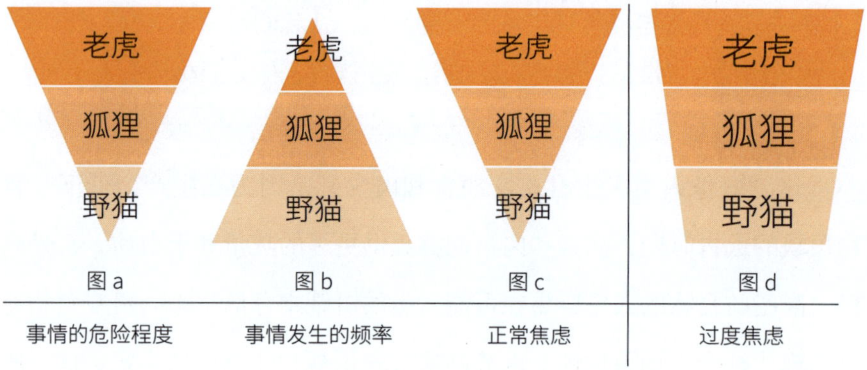

我刚到美国时，曾经在网上看到一个故事，有位女生给在国内的父母写信说：

“爸爸妈妈，我在美国一切都好，最近还交了男朋友。他虽然只是初中毕业，没有工作，但是没关系，我向同学借钱给他用，因为真爱是无价的。他比我大19岁，对我就像对女儿一样疼爱，我很喜欢这种感觉。他有时候不开心了会打我，但我不会怪他的，因为总是我先惹他生气的。他有很多爱好，比如滑雪。我们上周一起去滑雪，他把我拉上了黑道，我把两条腿都摔断了。所以，我现在是躺在医院里给你们写这封信……

好了，其实前面说的都没有发生，我在美国一切都好，没有交男朋友，身体也很好，只是这学期有一门功课没有及格。”

显然，这位女生是怕父母对她有门功课不及格大发雷霆或者过于担心，虚构了前面那些更糟糕的场景，先吓父母一下，等到父母担心到了极点才说出她遇到的真正的问题。这时她的父母肯定已经发现，功课不及格这个以前他们非常担心的问题，与女儿生命有危险、摔断了两条腿、被老男人骗相比，其实不是什么大问题。

在孩子成长的过程中，总是会出现这样那样的问题。这些问题，有的属于老虎级别，比如那些严重影响孩子健康甚至威胁孩子生命的重大疾病和意外事故；有的属于狐狸级别，虽然不致命，但可能显著影响孩子的未来，比如道德品质、社交障碍、学习障碍等；而大多数问题，只属于野猫级别，从长远看并不会对孩子产生不利影响，比如一次考试没考好，对你安排的兴趣班没有兴趣，和其他孩子在操场上打了一架……

遇到老虎级别的问题，你就应该整夜睡不着觉、心急如焚，想尽一切办法全力解决；遇到狐狸级别的问题，你就应该高度重视、仔细研究，一步一步认真解决；而那些野猫级别的问题，你当然也要应对，但完全没必要彻夜不眠、大动干戈。如果你对一些影响不大、可以逆转或者大幅减轻后果的问题，焦虑得好像生死攸关、前途命运在此一举，这些过度焦虑，就是自找的。

第二节　焦虑太多，会变蠢的

焦虑如同兴奋剂，会动员你全身的能量准备战斗。如果你只是偶尔遇见老虎，这样的动员很有效。但若是你经常看见老虎出没在前庭后院，长期准备战斗，不被吓死也得累死。过度焦虑会导致失眠、疲劳、紧张、注意力不集中等问题，让你做出错误的判断和不正常的应对。

过度焦虑让你使用过多的资源去解决一个次要问题，从长远看得不偿失。我下面举三个例子，都是人在过度焦虑的状态下犯的简单错误。

机会成本

我儿子今年6岁，家长们在一起聊得最多的就是给孩子报什么辅导班。

——“6岁之前是学外语的第一敏感期，必须要早点儿开始啊。听说××培训机构的外教不错，一起报吧。”

——“现在小学都有要求，入学时必须认识100个字，会做10以内的加减法。幼小衔接必须要做啊，暑假一起拼个班吧。”

——“奥数要从娃娃抓起，将来小升初的时候可以加分。孩子如果能在奥数比赛中获奖，所有牛校（顶尖的重点学校）都抢着要。去报一个吧。”

这时，我一般都是使大家扫兴的那个，这个也不报，那个也不学。于是，就有家长来劝我：“孩子反正有时间，闲着也是闲着，多学点东西，艺多不压身，又不损失什么，对不对？”

还真不对。孩子损失了其他选择的机会，付出了机会成本。

机会成本（Opportunity Cost）是一个经济学概念，是指为了得到某种东西而要放弃的其他东西的最大价值。一般来说，成年人哪怕不知道机会成本这个概念，在做选择时也会本能地考虑机会成本。比如，有男人向你求爱，你会想一想其他潜在的追求者，把他们细细比较一番；你去找工作，收到一家公司的offer，还要再等等，看看还有没有其他公司想聘用你；更不用说如果你投资，无论是买股票还是买房子，你都知道，这笔钱买了这个股票或者这套房子，就不能买那个股票或者那套房子，所以必须谨慎选择。

可是一到育儿这件事上，父母就没那么理性了。英语、识字、数学，哪个不重要？还有手工（锻炼动手能力）、钢琴（接受音乐熏陶，还顺便提升数学能力）、少儿编程（那可是未来最重要的技能）……不都应该学吗？

可你想过没有，对孩子成长有益的东西很多，但孩子的时间有限。在有限的时间里，什么是最重要的？父母的注意力往往都集中在那些能量化的知识学习上，比如英语单词量、识字量、数学题，而忽视了那些无法量化的能力的培养，比如自主性、社交能力、创造力等。**但是从长远看，决定孩子一生成就的到底是什么？**自主性、社交能力、创造力的作用，至少不比书本知识和考试能力的作用小，而这些能力的培养也需要时间和机会。

孩子本来可以用上辅导班的时间自由玩耍，家长眼中的“瞎玩”其实有不可替代的教育功能——除了可以培养孩子的探索能力之外，最重要的是能锻炼孩子自主选择的能力，让孩子慢慢学会自己做决定。如果一个孩子整天被家长安排各种活动，在活动中又要听老师指挥，怎么可能发展出自己做决定的能力呢？

如果孩子用这些时间在操场上、公园里和小伙伴一起瞎玩，那就更好了，既可以锻炼社交能力，又可以提高身体素质。哪怕就是发呆，也不是在浪费时间，而是在静修创造力，因为人发呆时大脑并不是就关机休息了，而是启动了“默认模式网络”，这个“网络”正是创造力的来源。

对孩子未来的过度焦虑，使家长对各种机会的实际成本和真实收益无法做出理性判断。

为什么家长在投资、求职的时候都能考虑机会成本，一到孩子教育的问题上就对各种“能力提升机会”丧失了抵抗力，忽略了机会成本呢？根本原因就在于对孩子未来的过度焦虑，使他们对各种机会的实际成本和真实收益无法做出理性判断。

取样偏差

我儿子上幼儿园时，一位同班小朋友的家长对我说：“我也想按照你讲的方法育儿，可是不行啊。我家孩子太差了，没有一点儿竞争力，不给他补课怎么行呢？”

这个小朋友我也认识，非常活泼可爱，我很奇怪她的家长为何会说她太差：“她怎么太差了？我觉得不比别人差啊。”

这位家长掏出手机，一边说一边划拉着手机屏幕给我看：“你看看，这是她们班一个孩子画的画，多生动！我们家孩子现在只会画圈圈！这是她们班一个孩子写的日记，人家孩子都会写这么多字了，可我家孩子现在只会写自己的名字！还有这个视频，你听听，和她一起学钢琴的孩子弹的，才5岁已经弹得这么好了。我家孩子呢？一叫她上钢琴课就像要杀了她似的！”

“您说的好像不是同一个孩子吧？您让自己的孩子和画画最好的孩子比画画，写字最好的孩子比写字，弹钢琴最好的孩子比弹钢琴，当然觉得自己的孩子不行啦。”

“不这么比还怎么比？！难道和不会画画的比画画、不会写字的比写字、不会弹钢琴的比弹钢琴吗？那不成了阿Q了吗？”

“当然不能那么比，你得和大部分人比啊。”

这位家长就是犯了取样偏差的错误，也就是以偏概全。她在找老公时不会拿自己的老公和马云比财富、和金城武比相貌、和爱因斯坦比智商、和C罗比身材，因为理智的人都知道，那不代表平均水平。

但有了微信之后就不同了。在班级群里发孩子画的，肯定是那些画画特别好的孩子的家长。如果一个班40个学生，有4个家长发了，那也才占班级人数的10%，但是你一天看到4个孩子画的很漂亮的画，还能沉得住气吗？要知道，这不是艺术学校那些遥远的天才们画的画，都是孩子的同班同学啊。这时候，你早忘了那只是班上画得最好的10%的尖子，而错把它当成是全班的平均水平了。

更糟糕的是，父母还特别容易把不同孩子的优点集合到一起，成为传说中的“别人家的孩子”。“别人家的孩子”是一个和梦中情人、白马王子一样，虚构出来的人物。你在买车时不会要求既要有德国车的安全，又要有日本车的省油，还要有美国车的宽敞，最后还得是国产车的价格。但到一说到孩子，却理直气壮地今天拿他的成绩和学习尖子比，明天拿他的身体和运动尖子比，后天拿他的情绪和“乖”孩子们比。要知道，这世界上除了“我的孩子”，就全是“别人家的孩子”，这相当于要让孩子一个人打赢全世界。这公平吗？孩子受得了吗？

这也是取样偏差的错误，把虚构出来的人物当成了真正的样本。这些错误，你在找老公或者买车的时候不会犯，为什么在孩子身上就会犯呢？

因为你太焦虑了，过于担心那些“素质”、指标对孩子的影响。就好像去打老虎之前，你会反复检查长矛是否坚固、矛头是否锋利，宁可做了无用功，也不能临阵出纰漏，因为它关系到你的生死。**你对孩子的未来过度焦虑时，也会反复检查孩子的各项指标，宁可往上比过了头，也不能往下比松了劲。**但这些指标并不会决定孩子的生死，大部分指标甚至都不会对孩子的未来造成重大影响。这样不客观、不准确的比较，只会让你过多地注意那些其实根本没那么重要的事情，给孩子带来无法承受的压力，对孩子的成长毫无裨益。

没记性

在我儿子的小学家长会上，校方请家长谈谈最关心的问题。一年级学生的家长说：“我们孩子刚入学，特别担心幼小衔接问题。孩子以前散漫惯了，能不能适应小学的节奏？我看到孩子每天那么早就要起床，中午还没有午睡，很担心他的小身板扛不住啊。”

二年级学生的家长说：“哎呀，这些问题你不用担心，孩子的适应能力是很强的，作息习惯调整一下就好了。你倒是要注意孩子跟其他小朋友的相处，我觉得这才是小学阶段最大的挑战。大家在一起六年，要是班级气氛不友好，有排挤、欺凌的现象，那可怎么办？”

三四年级学生的家长说：“你们这些都是小问题啦，一二年级有什么好担心的？好好玩就行了。到了三四年级，学业开始加重，你才知道家长不好当啊。孩子的成绩在班里不理想，我们都得检讨自己哪儿做得不对，怎么才能更好地帮助孩子学习。”

五六年级学生的家长说：“你们这些都是浮云，小升初才是关键啊。孩子上不了好初中，那好高中也没有希望，更不用说好大学了，以后一辈子就都毁了。为了孩子上初中这事，我们都好几个晚上睡不着了。”

我听了一点儿都不奇怪，因为从孩子生下来那天起，我就习惯于周围家长这样的谈话模式了。两岁宝宝的家长会指导1岁宝宝的家长说：“别担心他走路的问题，我以前也担心，我们家孩子到15个月才会走路，但现在跑得跟其他孩子一样快！你要注意的是语言，不要以为他听不懂，要多和他说话，不然到了两岁他的语言能力就滞后了。”

4岁宝宝的家长则会对3岁宝宝的家长说：“害羞？不敢和其他孩子玩？这都不算问题！到了4岁，孩子自然就敢了。我就是孩子3岁的时候太担心了，催得太紧了，逼着孩子和其他孩子玩，你看他现在，被别人欺负了都不知道生气，还跟在人家屁股后面，哎呀愁死我了！”

最有意思的是，这有时是同一个家长。她在孩子1岁时担心走路走不好，2岁时担心说话说得晚，3岁时担心害羞、没朋友，4岁时担心懦弱、被欺负，小学一二年级担心不适应，三四年级担心学习跟不上，五六年级担心上不了好初中——前面的问题顺利解决了，她不是反思自己为何如此焦虑：“这个问题看起来没有那么可怕，为什么我当初那么担心呢？”而是立刻扑向下一个问题继续焦虑。

有老虎的时候焦虑老虎，没有老虎的时候把野猫想象成老虎继续焦虑。

> 这是过度焦虑者的一个典型特点，焦虑不随着问题的消失而消失。

如果你在工作中一再判断出错，却从来不查找原因，继续原来的判断模式，老板恐怕早就找你谈话了，但在育儿过程中你却理所当然地一贯判断失误。为什么会这样呢？也许就是过度的焦虑，让你迅速忘记了这些错误，而是把注意力又迅速转向地平线上浮现的下一个危险。

小工具 建立你的焦虑档案

有一个方法可以判断你是不是过度焦虑，就是把你目前焦虑的事情写下来，建立一个焦虑档案。坚持一个较长的时间（3~5年），然后再回头看，你焦虑的那些问题是不是后来都轻松解决，甚至自然消失了。或者哪怕没有消失，但其实对孩子的影响并没有你想象得那么大。如果这个模式反复出现，你就属于过度焦虑，即经常为不必要的事情焦虑，或焦虑的程度超过了问题的严重程度。

——哦，三五年太长了？那还有个办法，就是跟你的亲朋好友聊聊，请他们帮助你回忆一下，这些年你主要在担心什么，或者查一查你以前的通讯记录、博客、微博、微信朋友圈之类的，看看你过去担心的那些问题，是否属于过度焦虑。

——或者，三五年太短了？那更好了！回忆一下你在有孩子之前是否就经常焦虑。比如，在刚毕业时焦虑能不能找到工作，找到后就焦虑能挣多少钱、升到多高的职位，具体到每一天的工作，焦虑这个项目、那个细节。

过度焦虑也是一种人格特质。如果你在其他领域比较焦虑，或者在过去一直焦虑，那就更可能在育儿方面也过度焦虑。所以，为自己的焦虑建立一个档案，你的焦虑就在你的理智面前无所遁形了。

第三节　当然，又是时代的错

为什么今天的家长这么容易焦虑？这和我们所处的时代有关。

焦虑来自对不确定性的恐惧。肯定会发生的事，我们反而不会焦虑，接受现实就是了。比如你对死亡的焦虑①，并不是担心是否会死，因

① 心理学上“死亡焦虑”的概念讲的是另一回事。

为死亡是确定的；你焦虑的是何时会死，因为这是不确定的。

对事情的恐惧经常比事情本身还折磨人，所以才有贪官会在被抓时说：“以前一直提心吊胆，时刻担心被抓，夜里睡不着觉，白天做不好事。在真的被抓的那一刻，心反而放了下来，感到前所未有的轻松。”

担心坏事将至会使你焦虑，担心好事落空也会使你焦虑。比如，我很希望儿子能入选学校的足球队。本来能入选固然好，不能入选也没有什么损失。但一旦心里有了“儿子最好能入选”这个念头，想法就变成了“如果不能入选足球队，那可怎么办呢？足球不仅运动量大，能全面提高身体素质，而且又是集体活动，有利于培养团队精神和社交能力，更不要说将来奔跑在绿茵场上，还特别能招女孩子喜欢呢。要是他不能入选的话，怎么提高身体素质和团队能力呢？”

结果他落选了。我失望了五分钟，然后就想到了新办法：“那就再去试试篮球吧。篮球也挺好啊，也锻炼身体，也是集体运动，还有助于长个儿呢。”

最让你焦虑的并不是希望落空，
而是不确定你的希望能否实现。

这时候我亲身体验到，最让你焦虑的并不是希望落空，而是不确定你的希望能否实现。最折磨人的不是目标落空，而是在追逐目标时的焦虑。

很不幸，现代社会有着前所未有的不确定性。

社会阶层的流动性变大

古代社会多好啊，龙生龙，凤生凤，老鼠的儿子会打洞，铁匠的儿子还是铁匠，农民的儿子还是农民，那就没什么可焦虑的了，顶多就是我儿子能打1斤铁还是2斤铁，我孙子能种10亩地还是20亩地。可现在不同了，你是一个普普通通的工薪阶层，可你的孩子说不定能大富大贵，成为人中龙凤；也说不定会穷困潦倒，成为啃老一族。你憧憬他将来为你带来幸福满足，更焦虑他将来会被残酷的竞争打垮。

一方面，以前可望而不可及的富贵，忽然好像现在的普通百姓也可能得到，使你容易给孩子制订不切实际的目标。这等于是抓住焦虑，把它隆重地请到你家。另一方面，在不确定性带来的收益和危险面前，人总是更担心危险。古时候，只要你传给孩子几亩良田，基本上可以放心他一辈子衣食无忧。但现在社会的高流动性意味着，哪怕你是生活富足的中产阶级，孩子也有重新坠入贫困的可能性。

前有胡萝卜，后有大棒子，你怎能不把孩子投入“军备竞赛”中呢？

未来的不可预知性增强

在传统社会，你出生的时候，父母基本上就可以知道你这辈子会怎么过——跟父母这辈子差不多呗。你会使用父亲传给你的锄头，在父亲耕种过的土地上耕种，再在父亲的指导下学习收割。

可现代社会完全不同，父辈的很多经验已经过时。以前，你知道孩子该掌握什么技能，怎样和人打交道，找什么样的媳妇，避免什么样的人生错误。无论孩子遇到什么难题，你只要抽起烟斗，眯起眼睛回忆过去，就能找到正确的应对之道，因为孩子遇到的问题你都遇到过。可现在，白茫茫的未知横在你的面前，既是巨大的机遇，也是巨大的困惑。

父辈的经验不适用了，所谓的专家又多如过江之鲫，市面上言之凿凿的育儿工具，最后经常会发现是商家的浮夸宣传……你不知道怎么做才是对孩子最好，经常担心自己为孩子做的决定，最后也许耽误了孩子。如此这般，你怎能不焦虑呢？

更糟糕的是，以下几个因素进一步放大了这种不确定性给父母带来的焦虑。

传统价值体系被打破

传统中国社会强调孩子对家族的责任，只要孩子能孝敬父母、勤俭持家、繁衍后代，你的教养就成功了。而现代社会价值观是多元的，为人父母者，自己的价值体系都在不断地被颠覆和组合，反映到应该把孩子培养成一个什么样的人——这一养育的根本问题上，自然也是心无定力。

> 内心没有价值的度量，就只能靠与外界的比较确定价值。

孩子培养得怎么样？那就得看他唐诗背得是不是比别人多、钢琴弹得是不是比别人好、成绩在班上是不是名列前茅……

如果像传统社会那样，以品德为培养目标，那么这件事是相对可控的，你用严格而又明智的教养方法，能使孩子变得更加仁义礼智信。这是你和孩子之间的事，而且有老人的智慧可以遵循。

但是，如果你的培养目标是和别人比，那就太不确定了，因为一来，这又变成了“你的孩子vs别人家的孩子”，你是要自己的孩子和周围所有的孩子比较，那胜算就小得多了；二来，别人也铆足了劲，瞄准了要超过你家的孩子呢。于是大家都会陷入无休止的军备竞赛，彼此拖得筋疲力尽。最糟糕的是，这个目标是你无法控制的，你可以尽力使孩子做到他自己的最好，但你根本无法保证他一定比别人家的孩子好。

因此，除非你自己有坚定的价值观，知道孩子一生最重要的是品格，而不是外在的指标。不然的话，只能陷入与其他孩子比拼的泥潭中无法自拔，也就越来越焦虑了。

媒体的误导与渲染

在上一节我们讲到，家长在微信群里晒的是孩子最擅长的才艺，朋友圈里展示的是生活最光彩的一面。登录网络、打开电视、走进影院，看到的也多是演艺明星、商业领袖、体育冠军、科技精英、帝王将相、才子佳人，媒体对于财富积累、一夜成名、少年得志的渲染，使家长错误地以为进名校、住豪宅、开名车是多数人的生活常态，跻身社会精英层是孩子应该达到、也必须达到的人生目标。而现实是，无论在哪个社会，精英阶层都不可能是人群中的大多数，多数人或者说多数孩子的一生都将是普通而平凡的。幻想和现实的巨大反差，养育目标的不切实际，无疑加重了家长的挫败感，使其备感焦虑。

传统大家庭的解体

我小的时候，周围有很多孩子一起长大，不仅是自家的堂、表兄弟姐妹，还有些比我大不了几岁，我要管他叫舅舅；也有比我小不了几岁，要叫我叔叔的。我们的父母生活和工作基本上都在一起，别人家的孩子是怎么回事一清二楚，甚至在结婚前就帮着家人带弟弟妹妹、侄子外甥，所以等到自己养孩子时，一想就明白了："嗯，小五子也有过这问题，后来过两年自然就好了，看来不用太担心。"

那时候孩子之间的比较也更真实可靠，因为彼此生活阶层类似，而且都知根知底。你既知道人家的长处，也知道人家的短处，所以不会发生离谱的"你家的孩子vs全世界别人家的孩子"的情况。

可是现在，家庭之间的交往很少，往往自家孩子就是你带的第一个孩子，你没有任何经验，也没有真实可靠的比较，往往要别人提醒："哦，孩子的问题是正常的，不用焦虑。"

执行了几十年的计划生育政策，使中国家庭大多只有一个孩子，孩子的重要性被人为地突出了——我当然不是说孩子不重要，但是我确实认为孩子不是我人生中唯一重要的。这在过去大家庭时期天经地义，因为这么多孩子，哪个最重要？父母不可能在每个孩子身上都花同样多的精力，于是大家变得都不太重要，孩子的重要性自然就降低了。

但当家里只有一个孩子时，父母理所当然地会把孩子当成人生中最重要的[②]，把所有的希望都倾注在孩子身上，这极大地改变了过去几十

② 我在生了老二后，很多人问我："会不会对老大爱得少了？"我说："对，确实少了。"对方一般都会很惊讶，因为他们当然是期望我说"没有"的。我解释说："本来老大出生后，我的大脑里就好像装了个后台程序，永不停息地在那里运转：'孩子怎么样了？我现在要做什么才对孩子最有利？'就好像孩子成了我的唯一真神一样。但有了老二后，这个程序就转不下去了，因为我不可能有两个唯一真神。于是我只好承认，老大和老二都不是我的唯一真神。"当然，爱没有真的减少，但是，老二的出生让我从"一切为孩子"的念头中解放了出来。

年中国社会的养育理念——一切为了孩子，为了孩子的一切。在如此沉重的心理负担下，又怎能不为孩子的任何风吹草动而焦虑呢？

第四节　恭喜你，没有生出机器宝宝！

有些家长的焦虑倒不是来自时代，他们的心态比较开放，不和别人比较，没有一定要让孩子出人头地或者达到父母的预设目标的想法，可他们仍然焦虑。为什么呢？让我们来听听这些家长的心里话。

——**“我真是受不了这孩子了！超出我能忍受的极限了。**我就没见过这么不听话、这么能闹腾的孩子！我叫他往东，他一定要往西；我叫他赶鸭，他一定要撵鸡。叫他刷牙、洗澡，不做；叫他讲礼貌，不讲；不许他吃零食，他偷偷吃；不许他看电视，他偷偷看。现在连说谎都学会了，明明偷吃了薯片，还在口里嚼呢，还面不改色地说‘我没吃啊’。我真是担心啊，这样下去怎么得了啊！”

——**“唉，我家孩子真是没救了，一点儿毅力都没有。**见到什么都感兴趣，什么兴趣都过不了三天。幼儿园门口有人招学围棋、学武术的，都要报，报了之后学了一两次就不愿意去了。好，那是培训机构忽悠，可我自己给他找了个特靠谱的钢琴老师，教得可好了，收费可高了，到家里来教他，也不行。每次就像钢琴凳上有钉子一样，屁股无论如何坐不住，又哭又闹。唯一最感兴趣的就是玩游戏，手机、iPad，逮到哪个玩哪个，夺也夺不下来。这将来上学了，肯定是不做作业、只玩游戏，难道也要把他送去电击治网瘾吗？我想着孩子在那里被电得死去活来就害怕啊！”

——**“你说我家孩子是不是太内向了**？以前很活泼的啊，2岁以后反而内向了。我真的很担心啊。你看，他明明认识这个小朋友，都走到人家旁边了，可就是不和人家打招呼；都拿起人家的乐高一起玩了，可就是不敢和人家说句话，只会自己玩。我叫他去和人家互动一下，他也不敢。这可怎么办哪？内向的孩子多吃亏啊！”

这些父母是因为对孩子的表现不满意而焦虑，想管孩子又不知道如何管。

其实，那些你眼中所谓的问题根本不是问题，而是孩子成长过程中的正常现象。

你不仅不用焦虑，还应该恭喜自己：孩子是我亲生的，不是机器人生的！

请你想象一下，如果孩子3岁就能捧着《唐诗三百首》反复吟诵，4岁就坐在桌前做数学题；你给他报兴趣班，他就欢天喜地地练到钢琴五级、围棋九段；你让他洗澡、刷牙，他就洗澡、刷牙；你让他不吃薯片，他就不吃薯片……那你生的还是人类宝宝吗？

孩子就应该不理性、爱冲动

儿童的大脑发育有个特点，就是主管情绪的那部分发展得很快，所以你看孩子喜怒哀乐各种情绪一点儿不少，但主管理智（理性分析、决策、抑制冲动）的那部分发展很慢，要到20岁以后才发育成熟。所以孩子不听你讲道理很正常，因为他听不懂，而不是因为他要和你对着干。就像如果霍金给我讲天体物理，我也听不懂一样，并不是我不好学，也不是我故意要惹霍金生气，而是我能力达不到。

同样的，孩子做事莫名其妙、蛮不讲理、撒泼耍赖、偷懒贪玩，不是因为他本性顽劣，更不是要故意和你对着干，而是因为他的理智脑还没有发育成熟，没有能力对各种冲动进行衡量和抑制。**要求几岁的孩子严谨自律、懂事讲理，和孩子刚学会走路就要求他完成5公里越野一样，都属于拔苗助长，危害极大。**

不要说几岁的孩子，就是十几岁、二十几岁的年轻人，仍然会头脑发热、冲动莽撞，做出各种蠢事。作为父母，考验你耐心的日子还在后头呢。

孩子就应该爱玩乱跑、不学习

孩子其实是最爱学习的，因为人类是最依赖学习的一种动物。人类不像小马，生下来就会跑；也不像小老鼠，出生一周就能自己找吃的。人类的宝宝生下来只会吃奶、哭和睡觉。人类最主要的生存优势——强大的大脑，需要漫长的时间才能发育成熟，而学习是促进大脑发育的必要手段。所以，人类大脑天生就进化得非常鼓励学习。

进化鼓励吃饭，所以我们吃饭的时候心情就很愉悦；进化也鼓励我们繁衍后代，所以性生活会带来巨大的快感。既然进化鼓励学习，就应该让我们非常喜欢学习才对，为什么今天一说起学习，大家的第一反应是“学习是苦差事”呢？为什么现在的学生一学习就愁眉苦脸呢？因为学习的方式改变了。

大脑的学习方式是在人类漫长的进化过程中发展出来的，主要是为了解决几万年前老祖宗生活中的实际问题，比如打猎、采集、求偶、生育，而不是现在的写字、编程、弹钢琴、学英语。所以凡是与远古时期生活方式相关的问题，大脑就比较喜欢，也就是孩子们喜欢玩的东西，比如爬树、游泳、扔石子、玩泥巴、过家家、玩打仗游戏，还有傻乎乎的、好像毫无目的地到处疯跑——这些其实都是在学习如何解决远古时期作为一个成年人要面对的问题。从进化的角度看，学习的本质就是掌握必要的生存技巧。

孩子的玩可不是浪费时间，他们是在演练将来可能需要的生存技能——有的和人际交往相关，有的和运动能力相关，还有的其实是在提升孩子的认知能力呢，比如叠纸飞机、把床当成堡垒玩打仗游戏，乃至拆遥控器、把家里的拖鞋统统扔到装满水的浴缸里……就在这瞎玩、乱玩的过程中，他们的大脑在迅速发育，他们对世界的认识体系在快速地搭建。

孩子喜欢玩，不喜欢学习，并不是因为他们调皮、顽劣、不自律，而是因为人类天生不喜欢坐在课堂里的单调的学习方式。大脑也不习惯这些跟远古生存毫无关系的知识，比如我们大部分人对于大于1万的数字没有概念，就是因为在远古时期，很少会遇到大于1万的数量。

你眼中的缺点其实是正常现象

比如，有些父母总是担心孩子太内向，恨不得孩子一学会说话就能主动社交，看到孩子不和小朋友打招呼，甚至一起玩也不交流，就着急上火。其实，这并不是孩子的问题，而是家长不了解孩子社会性发展的规律。对于一两岁、两三岁的孩子来说，在一起不交流、各玩各的并不是因为孩子性格内向，而是这一年龄段的正常表现，发展心理学称其为“平行游戏阶段”，是从单独游戏到社交类游戏的过渡。再过一段时间，你就会发现孩子开始和小朋友交流了！“你有红色的乐高吗？我需要1个。”或者“我们一起来搭坦克吧。”父母的很多担心，或者父母眼中的孩子的缺点，很多都是孩子成长过程中的正常现象，大可不必杞人忧天。

再比如说谎。2～4岁的孩子，语言能力快速发展，喜欢在各种情境使用语言，但他们还分不清什么是事实、什么是想象。所以，当妈妈看见孩子吃薯片而孩子说“我没吃”时，并不是孩子在说谎，而更可能是在想：“糟了，我希望妈妈没看见我在吃薯片。”于是就脱口而出：“我没吃薯片。”孩子并不是要故意骗你，而只是在表达自己的愿望。再过一段时间，他就不会说这种“谎”了——他就会说更能自圆其说、更难揭穿的“谎”了——你应该暗自庆幸，因为这说明孩子的社会认知能力提升了，能猜到别人的想法，开始和你进行道高一尺、魔高一丈的智力竞赛了。

我当然不是鼓励、纵容孩子说谎，只是想劝慰各位父母，天底下没有从来不说谎的孩子。尤其在孩子心理发展的早期，说谎是正常的，因为孩子自己都不知道自己在说谎。

这也是我在上一节讲到的，传统大家庭解体的一个后果。以前你会发现，我家的小妹妹，小时候特别害羞，现在竟然做了销售经理；三舅家的狗剩，小时候顽劣无比，长大后竟然成为人民教师，广受好评……所以，等你再来看孩子的那些“缺点”时，就不会那么焦虑了。

孩子的缺点并不比你多

你可以想一想，在孩子惹得你头大的那些问题里，是不是看到了你自己的影子？

我的孩子做作业拖延时，我就想起我自己，在写这本书时也是各种拖延；孩子在弹钢琴遇到一个挫折就要放弃时，我就想起我自己，在研究中遇到一个阻碍就轻易放弃了；孩子在我们不给他买玩具而哭闹时，我就想起我自己，为了多年前未达成的一个心愿，至今耿耿于怀……

区别只是在于，我比孩子的能力更强，所以他遇到的那些困难，在我看来可以轻而易举地解决：“不就这么点儿作业吗？赶紧做完了就可以睡觉了！”“这一段钢琴是有点儿难，但是再多练一个小时，你肯定可以拿下。一小时的功夫你都下不了吗？”“一个玩具就哭闹成这样，你还有没有出息？！”

如果有了这样的念头，我就无法接受他的这些行为，觉得他不勤奋、没毅力、没出息。当我遇到写书、研究、旧日遗憾这些问题时，我不会这么责怪自己，却没有想到，作业、钢琴、玩具对于孩子的挫折，一点儿不比写书、研究、旧日遗憾对我的挑战小。如果我可以轻易地原谅自己，为什么不能原谅孩子呢？

所以，现在我看到孩子有这样那样的“缺点”时，再也不会焦虑了。他确实不如“别人家的孩子”，但那是因为他是我亲生的啊！如果我的孩子竟然超级自律、超级勤奋、超级好强，那……一定是隔壁英明神武的老王生的吧。

当然，接纳孩子的缺点，不等于不需要帮助他改正。

关于这一点，我在下一节“父母是园丁，而不是木匠”中还会再讲。**在这里强调的是，不要为孩子的缺点过度焦虑。**

看看自己吧。比如我，确实不够勤奋，不够自律，也不好强，但那又怎样呢？我依然娶了一个好妻子，有了一个幸福美满的家庭，有一份自己喜欢、非常有趣的事业，既能帮助别人，又能支撑家庭。

我需要改正所有缺点吗？那会不会也失去了我的优点呢？诚然，如果我把那些缺点都改正了，我的人生会是另外一个样子。但是，那一定就是我更想要的人生吗？

如果我对自己的人生满意，那又为什么要强迫孩子改正所有的缺点呢？何况，不许孩子拖延、做白日梦，会不会也遏制了他的创造力呢？一定要孩子不停地努力、奋斗，会不会损害了他内在价值观的自发成长呢？

归根到底，孩子和你一样，有缺点是正常的。你不会有完美的人生，也就不应该奢望有完美的孩子。孩子有这样那样的缺点，一方面，这是大自然的奇妙设计；但更重要的是，他是你亲生的。

第五节　你的孩子，都是薛定谔的狗

你的孩子，都是薛定谔的狗。

他们长大后，也许成为销售狗、程序狗、护士狗，也许成为科研狗、培训狗、创业狗。他们逐步经历过高中狗、大学狗、考研狗，有些是生物狗、化学狗，有些是历史狗、漫画狗，都要做一段时间的单身狗，大部分会变成养家狗。如果幸运的话，都是房贷狗③。

但是你的孩子到底会成为哪款狗，你也不知道，就像薛定谔的猫。

邪恶的物理学家薛定谔想象出一只充满暗黑能量的盒子，里面关了一只无辜的猫。这只盒子里有放射性元素，有一半的可能会触发一个机关，把猫杀死。这只猫现在到底是死、还是活呢？

不知道。如果一定要问，答案是“既不活也不死”，或者说“既活又死”。

但如果你打开盒子，你会看到这只猫要么是活的，要么是死的。换句话说，如果你不去碰（观察）这只猫，它有两种可能性同时存在；但如果你去碰（观察）它，它的状态就坍缩为一个了。

这个怪异的思想实验，是薛定谔想出来挤兑他的学术对手玻尔的。玻尔的哥本哈根学派认为，世界在本质上是不确定的，一切都是多种可能状态的叠加，在观测时才会坍缩为一种状态。比如，一个微观粒子的确切位置并不是固定的，而是以一定的概率函数分布在空间中。也就是

③ 以上名词来自网络。根据自己的某项特性而自称为“××狗”，似乎最近颇为流行。

说，它现在“既在这里，又在那里”，只不过在这里和那里的概率可能不一样。当人类观测它时，它就按照概率掉到某一个确切的地方，让人类能够看见。

如果你没听明白，没关系，绝大多数人都不明白。正如玻尔自己所说：“如果有谁声称明白量子力学，那他一定不明白。”

其实，育儿也一样。育儿就和量子力学一样神奇——当孩子呱呱落地时，一无所知，一无所能，怎么就慢慢长成了那个淘气鬼？怎么就在脑子里装进了那么多稀奇古怪的东西？怎么就变成了一个稳重、负责、努力、对社会有贡献的人？我经常觉得，如果有谁声称明白了育儿，那他一定不明白。

薛定谔的狗，就是育儿中最神奇的一点——你的孩子有无限的可能性，成为各种狗。也就是说，你的孩子现在是各种狗态的叠加。但是，随着时间的推移，他身上那无限多种狗态，每天都会坍缩无限多倍。最终，他只会成为一种狗④。

以上翻译成人话就是：**你的孩子有无限多种可能的人生，但这些可能性每天都在降维、合并，最后在现实中，他只会走一条人生之路。**

童年期的孩子，就像微观粒子一样，在本质上就是不确定的。这个不确定性，当然会引起你的焦虑，这无可厚非。可是请不要忘了，你要面对的问题，只是一个薛定谔的狗，而不是薛定谔的猫。

④ 当然，他也可能成为一条斜杠狗。

薛定谔的猫要面对的，是生死问题。孩子得了重病，或者吸毒、滥交、加入黑社会，这时候不确定的是他能不能正常地活下去，你应该焦虑得日夜睡不着觉。

薛定谔的狗要面对的，只是方向问题。他究竟是学文科还是学理科？一个男孩子，不喜欢金融、计算机，却喜欢画画、读书怎么办？他为什么就喜欢那么平庸的一个女孩子，哪里比得上我给他安排的那几个“白富美”？

这些问题都不影响他人生的本质。文科狗和理科狗，也许一类狗比另一类狗的前途更远大，可哪类狗都可以活出精彩人生；金融狗、IT狗和美术狗、编辑狗，统计数字能显示哪一类狗能吃到更多的肉骨头，可每一种职业都可以带来乐趣和成就感。

哪一种更好？真的很难讲。也许在你眼中，猎犬就是比哈巴狗好，黑狗就是比白狗好，可是你的狗宝宝也许不这么想。也许到最后你会发现，**无论哪一种人生，都自有其独特的价值和欢乐。这些选择，远没有你想象得那么沉重。**

> 无论你怎样焦虑，都不可能消除生命成长的不确定性。

更何况，无论你怎样焦虑，都不可能消除生命成长的不确定性。人类的观测并不能决定微观粒子在哪里，你对孩子的教养也不能完全决定孩子的未来。那么，为什么不拥抱这个不确定性呢？

现代社会充满机会，几乎每个人都可以得到充分的发展。以前你的选择非常有限，你做的包子村里的人不爱吃，你开饭店就会饿死；你写的文章乡试的主考官不喜欢，你就得回家种田。现在互联网把所有人都连接起来，你很容易就能在茫茫人海中找到同好。以前那些不可能存在的机会，正在源源不断地涌现。孩子做的事情，只要有1000个人喜欢，每个人每年愿意付500元购买他的服务，他就能过上很好的日子。而在互联网时代，找到1000个人一点儿也不困难。

所以，**请放手让孩子去做一只薛定谔的狗**。让他去体验探索未知世界的惊奇，让他去感受在不断地试错与校正中完善自我的骄傲。每一次体验，都是无限多种可能性的一次坍缩。

既然无法预设孩子的未来，那就用开放的心态拥抱这个不确定的未来吧。**你失去的是担心孩子偏离你设计的人生之路的焦虑，得到的将是孩子自己开创未来的惊喜**。21世纪，已经为父母提供了这样的机会，请你来做21世纪的父母。

第二章 欲练神功，挥刀自宫

解除育儿焦虑的根本方法不是重新控制，而是置之死地而后生，或者用通俗的话说，就是“欲练神功，挥刀自宫”——宫掉你的命根子：控制欲。因为育儿和人生都是非线性问题，需要的不是你的控制，而是你的敬畏——敬畏孩子成长的规律，敬畏孩子的天性和意愿，还有人生那不可捉摸但又因果分明的所谓命运。谦卑地做一个观察者，满怀喜悦地帮助孩子自主成长，支持他的人生自主展开。这，就是自主教养。

第一节 孩子的潜力有100分，在我手上只实现了99分，我真失败！

做21世纪的父母并不容易。上一章我讲到，现代社会原有的价值体系被打破，人们的价值观不断地被颠覆、重组。这其中有一种价值观被越来越多的人所接受，几乎取得了统治地位，那就是——自我。

上帝死后，人们无法从彼岸找到价值度量，就只能把自身作为价值锚点。马斯洛需求层次理论所说的“自我实现”，本来是指一个人接纳世界、生活和他人，发挥潜力和创造力，并且感觉人生有意义的丰满状态，但很快人们就忘记了其他要点，只记住了“发挥潜力”。

比如，最近上映的一部好莱坞大片《The Circle》，有人问艾玛·沃森演的女主角：“你最大的恐惧是什么？”她回答：“不能发挥我的潜力。”一个现代人，似乎一定要把人生目标定为实现自我，一定要竭力发挥自己所有的潜力，不然就是和以前的叛教者、异教徒一样堕落可耻、不可救药。

> 发挥潜力、自我实现，几乎已经成为现代社会新的宗教。

流风所及，为人父母者也很自然地把发挥孩子的潜力作为育儿目标之一。有朋友和我说：“我可没你说的那些问题，我是很反对和别人家的孩子比的，只要孩子做到他自己的最好就行了。”

我问她：“怎样才算做到他自己的最好呢？”

她说：“比如说他有100分的潜力，那他就应该发挥到100分。别人家的孩子有120分，那是别人家的孩子，咱们不和他们比，但他得做到他自己的最好。”

听上去非常正确，对吧？但其实，这根本做不到。

你可以和员工说：“这个月必须做到100万元的销售额，做到99万元也要扣工资。”你也可以和孩子说：“下次数学考试必须考100分，考99分就不带你去迪斯尼玩了。”这些都是单维度的、可以用具体数值衡量的明确目标。

但潜力不是单维度的，而是多维度的。一个孩子可以在很多方面都有潜力。比如著名语言学家赵元任，在美国康奈尔大学本科学的是数学，他的数学成绩曾经是该校的纪录。毫无疑问，他在数学方面很有潜力，但他后来却成为语言学家，那他在数学方面的潜力岂不是被浪费了吗？

再比如，美国著名歌星Lady Gaga曾经入选约翰·霍普金斯大学著名的超常少年项目，这个项目专门搜罗学习成绩优异的中学生，绝大部分学生最后都在学术和科技方面出类拔萃，比如谷歌联合创始人布林、Facebook创始人扎克伯格、菲尔兹奖（数学界的诺贝尔奖）获得者陶哲轩等，这说明Lady Gaga在科学方面也很有潜力，可她最后却进入了娱乐界，她的科学潜力岂不是被浪费了？

你的孩子也许不会像赵元任、Lady Gaga那么典型，但是，他毫无疑问也是有着多种潜力的。可是，他的这么多种潜力，最终能发挥的，只能是少数几种，其他潜力注定会被浪费——而且也应该被浪费，不然他可能最后什么潜力都无法充分发挥。

就像你面前摆着一条鱼和一只熊掌，你可以选择吃鱼，也可以选择吃熊掌，但你不能既吃鱼又吃熊掌，因此鱼和熊掌注定要放弃一个。你当然也可以两个都吃，结果就是你既没能吃掉鱼，也没能吃掉熊掌。

当然，你可以说：“好吧，那我就选一种潜力。我觉得孩子在数学方面很有天赋，我要他100%发挥数学潜力。”

听上去很正确，是吧？其实，也无法做到。

一个人的成就是由他的天赋、努力和环境共同决定的，其中父母的因素只是环境因素的一小部分，社会风气（万民追捧陈景润还是读书无用论）、老师（从小学到研究生，可能还包括培训班）、同学（比如美国很多学校里成绩好的学生会被排挤甚至欺凌）、运气或者说机会（这也很重要），都会对他所能取得的成就有重要影响。

即使在父母的影响这一因素中，你的主观努力也只占一部分，你的职业、家庭收入、社会阶层、亲朋好友乃至你居住的环境，都会对孩子产生影响。如果你以为你的主观努力和干预能决定孩子的天赋是发挥到100%还是99%，那你的自我感觉也太良好了。你能决定他是发挥到49%还是50%就顶顶了不起了。

好，那你再退一步："我就做好我这50%，可不可以呢？"

当然，你可以全力引导、诱惑、训斥、支持，让他尽量在数学方面勤学深耕，取得尽可能大的成就。可是，这个尽可能大的标准是什么呢？

他努力学习，数学考试全班第一；你还可以让他更努力，成为全校第一；他成为全校第一，你又要他成为全市第一；然后要考取北京大学数学系，再到哈佛大学去念博士；最后成为教授、得菲尔兹奖，成为百年后还能被人称颂的数学大师……不到成就金字塔的最顶端，你都不能拍着胸膛说"孩子的潜力已经100%发挥了"。**可是要达到金字塔的最顶端，背后的代价常常是触目惊心的。**

比如俄罗斯国际象棋棋手加塔·卡姆斯基，十三四岁时就连续两次获得前苏联20岁以下组全国冠军。然后他移民美国，20岁时成为全美冠军，而且获得了国际象棋协会授予的大师称号。

这些成绩都是在他父亲的精心打造下取得的。他父亲曾说：“每个人的大脑都是一样的，加塔只是一个普通人。”言下之意，是他的教养方法使儿子的潜力完全甚至超常发挥了。

他的方法是什么呢？孩子每天花十几个小时下国际象棋，既不上学，也不和其他孩子玩。卡姆斯基的国际象棋水平确实出类拔萃，但他几乎没有人际交往能力。更糟糕的是，他的心理发展存在问题，不知如何面对挫折。在连续两次冲击国际象棋世界冠军失败后，他灰心丧气，退出了棋坛[5]。

我们大家的情况应该不会像卡姆斯基这么极端，但是潜力这个概念，既能鼓舞你看到孩子无限的可能性，也容易让你掉进其中一个可能性的坑里。

我们容易想当然地认为，实现潜力如同图a：根据你的天赋，你有一个预定的“完全实现潜力”的模样，你要做的就是坚持不懈地向这个方向努力。但其实，你的未来有无穷多种可能性，没有哪一种是你命中注定就该活出的精彩人生。而且如图b所示，各种人生各有其精彩之处，但无论你怎么努力，都不可能在所有的方向都圆满。

在每一个维度上，孩子能实现多少潜力，其可能性如下图所示。一般来说，他总能实现所有潜力中的一部分。条件适宜时能多实现些，条件不利时少实现些，但是离中间值越远，可能性就越小。**完全实现和完全不实现，可能性都几乎是零。所以，你越是把孩子往100%那个方向推**

⑤ 卡姆斯基退出棋坛后，到法学院学习，因为他觉得国际象棋棋手下到40岁就没法发展了，而律师可以做到65岁。但他学法律也不顺利，七年后又返回棋坛。

图 a　　图 b

就会越难，孩子也会付出越多的机会成本——也就是他在其他方面（除智力外，还包括心理、社交、身体等）的潜力发挥得就越少。

小工具　80/20 原则

80/20原则是说，你付出20%的努力，可以在一件事上取得80%的成就。但如果你要再攻克剩下的20%，你就要再付出80%的努力。

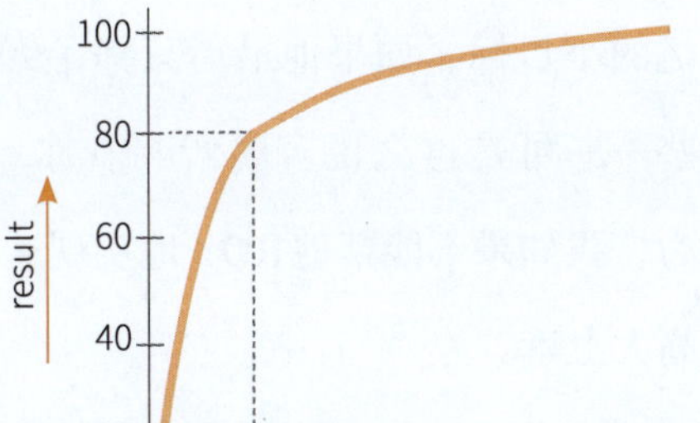

这并不是一条科学定律，而只是人们对于生活经验的粗略总结，可以说是效用曲线通俗而武断的版本。如右图所示，当你刚开始在

一个领域投入时，投入产出比是很高的，但越往后越难。

这个原则虽然粗略，但是对于在实际生活中衡量机会成本非常有用。你可以集中优势兵力，专攻一项，比如每天花八小时在自己最重要的专业方向，在本专业成为顶尖的专家，其他爱好只是晚上或周末花一两个小时发展。这样的策略对于成年人无可厚非，但是对于孩子，在他们的未来存在多种可能性的情况下，贸然给他选一个方向，投入所有时间和精力，很可能得不偿失。因为你只要让他花一点儿时间在其他方面，比如和小朋友玩、进行体育运动，或者学习其他学科，收获会远大于投入。对于孩子来说，知识和体验的宽度比深度更重要。

虽然做父母的总是忍不住想象孩子的未来，但在无限多的可能性中，孩子到底会有怎样的人生，是你无法决定的。

你索性说："我的孩子有当县长的潜力，他如果最后只做到副县长，那我这个做父母的就失败了。"或者："我为孩子树立了挣一个亿的小目标，如果他最后只挣了999万，那我就失败了。"那还好操作些——可是这么说多庸俗啊。你一定得说："我孩子在某某方面有潜力，我如果不能帮他100%地实现这个潜力，我就失败了。"这听上去才高大上嘛。

还是让我们回到自我实现的本来意义——它不仅意味着发挥孩子的潜力和创造力，还意味着孩子能和世界与他人建立和谐的关系，他的人生充满意义。如果只强调实现潜力这一点，会使孩子迷失在无法量化、没有明确目标的泥沼里，而且会让孩子在其他方面付出更多代价。

第二节　我能为孩子100%付出，但只付出了99%，我真自私！

“我能为孩子100%付出，但只付出了99%，我真自私！”这是又一个看上去有理、实际却无法操作的天下父母坑。

首先，父母对孩子的付出是多维度的，你在这方面付出了，必然会减少其他方面的付出。你为孩子努力赚钱，就少了陪伴孩子的时间。而父母的陪伴，比给孩子富足的经济条件更重要。你又能赚钱又有时间陪孩子，那会不会忽略了伴侣？夫妻关系和谐，也是孩子心理健康的重要因素啊。甚至，为什么不给孩子添一个兄弟姐妹？哦，你已经有不止一个孩子了？那你根本就不可能为每个孩子都100%付出……还是上一节推荐的小工具，80/20原则。父母要为孩子付出的实在太多了，你能在每一项上都做到付出20%，然后收获80%的效果，就已经是奇迹了！

其次，即使在某一个维度上，你也无法判断自己是否做到了100%。比如赚钱，你为孩子赚了上培训班的钱就够了吗？为什么不送他出国留学？你给他凑齐了婚房首付就行了吗？为什么不把车也买了？

第三，你的付出给孩子带来巨大的心理压力。很多父母只顾沉溺于“我在付出”的快感，而没有考虑因此给孩子带来的心理负担。你可能会说“我不要求任何回报”，但孩子知道，你其实是要求他达到你的期望。请你站在孩子的角度想一想，如果一个在你生命中很重要的人，为你付出了所有，可你却不能实现他的愿望，你的心理压力有多大？

我有一个朋友，是学校的心理辅导老师，她的一个学生曾向她诉苦：“我现在就如同逆水行舟，一个人应付学习已经很吃力了，我爸我妈又从岸上扑通扑通地跳到船上来，说是要帮我划船，可他们一上来这船就翻了。”

更何况，有时候你的付出是在帮倒忙。你自以为给孩子安排了世界上最合理、最完美的人生之路，但孩子却一点儿都不喜欢，非要按照自己的想法来。这时你该怎么办！

第四，这样的父母会为孩子树立一个错误的榜样——人活着就是为了孩子。这样孩子会有过多的应得感（entitlement）——“我是孩子我有理，大家都应该为我付出”。孩子长大后既不知孝敬父母，也不知回报社会，一心想的就是为了自己的孩子，成为下一代“孩奴”。你希望孩子的人生是这样的吗？

我从美国回来，儿子也从美国的幼儿园转到中国的幼儿园。很多人惊讶地和我说：“其他人都拼命把孩子往国外送，你倒好，孩子在国外长大，你却把他带回来了，这对他是多大的损失啊！”

我无意和别人争论，一般就直接回答：“主要是我觉得全家人在一起更重要。而且在美国的那份工作我不感兴趣，这会给孩子树立一个不好的榜样，认为人工作就是为了钱，上班就像坐牢、回家就像刑满释放一样。在国内我能做自己热爱、擅长又有意义的事情，这样孩子每天能看见自己的爸爸充满干劲，谈起自己的工作来眉飞色舞，他就会知道，工作可以是很有趣的，人生应该有一个值得投入的事业。”

我坚信，身教大于言传。你是什么样的人，比你对孩子说什么话更重要。在孩子成长的环境里，最重要的一个因素就是“父母是什么样的人”，这比你为他选择什么学校更重要。

所以，如果你给孩子树立了错误的榜样，对他的影响，很可能抵消你苦心营造的其他所有“优势”。你全力为孩子付出，自己却没有活出一个精彩的人生，孩子不知道人生应该怎么活，最后只不过成为又一个精致的婚前利己、婚后利孩主义者，这值得吗？

归根到底，是育儿育己，而不是育己育儿。也就是通过育儿来育己，我生养孩子，是因为通过这个过程，我自己能变成一个更好的人；与之相反，有些父母把自己变得更好，只是为了给孩子更好的生活——我努力奋斗、辛苦赚钱，只是为了给孩子一个高起点；我挑选配偶，不是为了与他共度美好的一生，而是为了给孩子一个好的基因。

——“对孩子好的，我就要去做”。

有了这样的观念，焦虑自然是滚滚而来。

我认识的一位家长和我说过：“不管做什么事情，我都要想一想，对孩子有利吗？只要是对孩子好的，不管付出什么代价，我都要去做！”

她的这种执着真吓了我一跳，简直可以媲美宗教狂热，也许可以称为“拜孩教”了。但如前所述，你为孩子做的每一件事情都有机会成本。人的能力是有限的，而对孩子好的事情是无限多的。你把有限的生命投入到无限的为孩子服务中去，就好像一只熊在走过田野时说：“不管是玉米棒子、芝麻还是西瓜，只要我能吃的，我见到啥就要吃啥！”最后很可能是捡了芝麻、丢了西瓜，反而给孩子帮了倒忙。

归根到底，我们还是要聪明养育，用智慧判断比被焦虑驱动好。看见一样东西对孩子好就不管不顾地扑上去，只能说明你过度焦虑孩子的未来，对孩子太没信心，对孩子的成长没有好处。

——“一切为了孩子，为了孩子的一切”。

如果你一切为了孩子，那自然就会为了孩子的一切。要为孩子100%付出的父母，经常也是要孩子实现100%潜力的父母。但正如上一节所述，这是不可能的。于是这些父母就更容易自我“反省”：“是不是我做得还不够？是不是我只付出了99%？”结果就是更多的内疚和自责，同时也给孩子带来更大的心理压力。

——“无限责任公司”式父母。

如果你把孩子的什么事情都揽到自己身上，那么你当然也就要为孩子的所有事情负责。“孩子数学没考好？那一定是因为我抓得不够紧”，“孩子内向、羞涩？那一定是因为我的育儿方法有问题”，“孩子没能入选校足球队？哎呀，那都怪我没给他报足球班”……这种“孩子出了什么问题都是因为我”的想法，和“孩子取得什么成功都是因为我”一样，也太自恋了吧？

有这样想法的父母倾向于对孩子的问题做出过度反应，因为他不相信孩子或者环境有解决这个问题的能力，一切都得靠他这个“救世主”。比如孩子只是一次考试没有考好，也许下次努力些就能弥补，但他一定要介入；又比如孩子和同学在学校里发生纠纷，也许本来孩子或者学校能解决的，但他一定要为孩子代言，和其他孩子或者学校理论。

——“不能让孩子走弯路”。

这种父母认为，孩子的发展只有一条最佳路线，任何对这条路线的偏离，都是在浪费时间、浪费生命、浪费天赋。但是，正如下一节所言，育儿（以及孩子的人生）是一个非常复杂的过程，根本不存在什么最佳路线。就算你认为存在，在执行过程当中也不可能不出错。

更不要说，让孩子走些弯路，其实从长远看，对孩子反而更有好处。“不能让孩子走弯路”的想法，不过是“不能让孩子输在起跑线上”的一个变种，其实是担心孩子走了弯路，被别的孩子甩下了。这样的想法，除了给自己带来焦虑外，对于孩子的成长毫无益处。

——“别人家的父母”。

有“别人家的孩子”，就有“别人家的父母”。比如：

“唉，我这当妈的真失败，你看小红的妈妈，把孩子调教得多好，小红又听话又有礼貌，谁见了不夸！”

“哎，4岁上足球课没啥，你没看见小明的爸爸，3岁就训练他踢足球了！”

这和“别人家的孩子”一样，犯了取样偏差的错误。其实，在很多方面，大部分别人家的父母可能都和你差不多。

“别人家的孩子”，主要是用来责备自己的孩子不争气；“别人家的父母”，也主要是用来责备自己的配偶不称职，比如：

“有你这样当爸爸的吗？你看人家小红的爸爸，小红上次数学没考好，立刻就给她报了数学班。你再看看人家小明的爸爸，每天一下班，全扑在孩子身上，周末也天天带着孩子出去玩。你呢？一天只有一小时。你知不知道父亲的陪伴对孩子很重要啊？！”

其实，一次考试没考好，没必要就报补习班；父亲的陪伴很重要，但是一天一小时，如果是高质量的陪伴，那也不错了。

——“我不能给孩子带来祸害”。

豆瓣网上有个很火爆的小组，叫“父母皆祸害”，属于豆瓣上最火爆的话题之列[⑥]，基本是在讨论父母给自己带来的负面影响。从那些最热门帖子的标题，你就能体会到其中的愤怒和伤害：《五零后：父母对子女的普遍强奸》《受过高等教育的父母更丧心病狂》《父母毁掉的你心里最珍贵的东西是什么》……这也给一些父母带来心理压力：“我会不会也是孩子的祸害呢？虽然我一心为孩子好，可会不会在无意中伤害了孩子呢？”

我的看法是：没关系，父母总是会给孩子带来些祸害的。因为你是

---

⑥ 根据 https://www.douban.com/group/Anti-Parents，2017/2/20。

人啊，是人就会犯错误，有些是无心之错，比如给孩子穿错了衣服，结果孩子被班上同学嘲笑；或者忘了给孩子带午饭，把他饿了一顿。这些错误很可能你的孩子将来会在网上贴出来，自嘲说“我大概不是亲生的”。

还有些是有心之错，比如你在单位受了气，回家看孩子做作业拖拖拉拉，就大发雷霆把她训了一顿；或者亲戚家的孩子喜欢你家孩子的一个玩具，你不顾自己孩子的反对，硬是把它送给亲戚家的孩子了。这些错误很可能多年以后，你的孩子伤心地在网上贴出来，作为“父母皆祸害”的一个小例证。

没关系，只要你不是经常犯这种错误，偶尔犯一两次并无大碍。这点儿挫折对孩子来说没有什么大不了的。正如前文所述，完美的孩子是不存在的，同样，完美的父母也是不存在的。

所以，不祸害，非父母。关键是不要走极端。一方面要给孩子无条件的爱，要对孩子多一些耐心，尽量多从孩子的角度思考问题，学习育儿科学，减少对孩子的祸害；另一方面，不要有“做完美的父母”这种妄念，不要奢望对孩子一点儿祸害都没有。正如孩子是薛定谔的狗，你也是薛定谔的父母⑦。作为父母，你有无限种可能性。其中完美、圆满的那些状态，能实现的概率无限趋近于零。你能够实现的，是各种正常父母的状态。这些状态各有不同，但同样都是正常的。

而这种正常，对孩子来说已经足够了。托尔斯泰在小说《安娜·卡列琳娜》开篇第一句就说：“幸福的家庭都是一样的，而不幸的家庭则

⑦ 请鲁道夫·薛定谔先生与乔尔妗·薛定谔女士原谅。

孩子要的，不是完美的父母，而是正常的父母。

各有各的不幸。”这句话其实只说对了一半，幸福的家庭也能够各有各的幸福。同样的，好父母也是各有各的好，只要在正常范围内，孩子都会感到满意。

美国有一项针对初中生的调查，发现有60%的孩子认为自己父母很好，而他们的父母有多少认为自己是很好的父母呢？

只有36%。

也就是说，至少有24%（实际应该更多）的父母，自己觉得不是好父母，但孩子却觉得很满意。

父母总觉得“我一定要做到这个、达到那个，才能算合格的父母”，但其实孩子要求得并不多，你给他无条件的爱，给他一定的自主，也给他一定的规范，就是好父母了。

做你自己，让自己成为一个有爱、有智慧、有原则的人，你就可以成为一个好父母。孩子要的，不是完美的父母，而是正常的父母。

第三节　欲练神功，挥刀自宫

前两年有一个很流行的电视剧，叫《虎妈猫爸》。里面的虎妈对女儿茜茜精心设计了培养计划，从吃饭、睡觉到学习、锻炼，都安排得丝丝入扣。可是女儿却处处和她对着干，不爱学习，一跑步就叫苦，爱吃垃圾食物，喜欢打游戏、看电视，不喜欢画画、弹钢琴。虎妈给自己的爸爸打电话抱怨：“我长这么大，所有的事情，不管过程有多难，最后一定能成功。可就是茜茜，自从有了她，我接二连三地栽跟头，全是挫败感。”

为什么自己的事情总是一帆风顺的虎妈会在育儿问题上接二连三地栽跟头呢？**原因很简单，她想用线性思维解决非线性问题。**

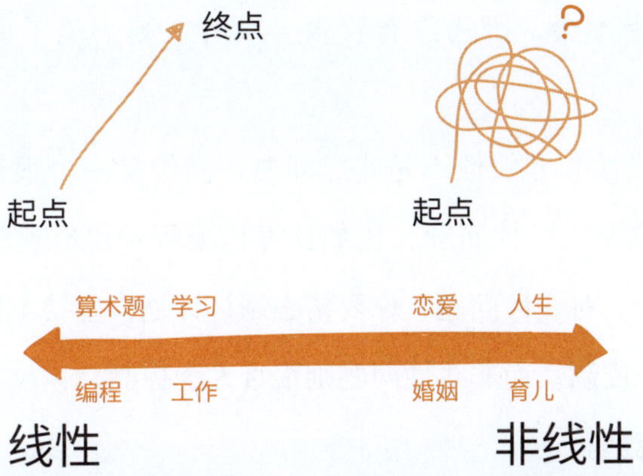

线性思维，是一种直线型的、单向单维的思维方式，它在处理简单、直接的线性问题时可以获得很大的成功，比如解一道数学题。这些线性问题都有一个明确的目标，有相对清晰的方法，而且一般都是结果导向的，你知道要干什么，也知道怎么干，你事先就有一个计划，然后尽可能地控制全过程，你只要一步一步地去做，坚持不懈地努力，总可以获得一定程度上的成功。

可是，**用线性思维来解决复杂混沌的非线性问题，就时常会陷入谬误，**比如育儿。

育儿的目标是什么？是孩子考上哈佛、耶鲁，得诺贝尔奖？是孩子创业成功、家财亿万？还是孩子幸福快乐、平安健康？你说不清楚，我也说不清楚。

育儿的方法也不是直线型的。你希望孩子成绩好，就拼命逼他学习，他的成绩就一定好吗？不一定，说不定他会厌学，中学时就垮掉了；你希望孩子幸福快乐，就一切由着孩子性子来，他一定就会幸福快乐吗？多半不会，因为没有管教、没有规则，孩子反而更没有安全感。

当然，线性和非线性不是非黑即白，而像是一个很长的连续变化的光谱。有典型的线性问题，比如计算机编程；也有典型的非线性问题，比如人生。对线性问题，你要精心制订计划，坚持不懈地努力，**关键词就一个：控制；**而非线性问题则很难人为控制，你越控制离希望达到的目标就越远。

当然，我不是说对于非线性问题就只能放任自流——孩子只生不养、人生随波逐流——绝对不是。学界对于非线性问题早就有很多研究，比如幸福有科学的方法，那就是爱、努力和意义；道德培养也有科学的方法，最主要的就是我们做父母的自己要做道德榜样。

基本上，线性问题的解决方法，都是种瓜得瓜、种豆得豆；而非线性问题呢，种瓜或许得豆，种豆或许得瓜。用线性思维解决非线性问题往往行不通，就像幸福是你做一个好人的副产品，而不是靠一颗追求幸福的红心就能直接得到的；孩子的道德是你以身作则的副产品，而不是靠灌输道德观念就能直接得到的。

在控制欲强的人（如电视剧中的虎妈）看来，世界上只有一条路是正确的，就是他安排的道路。其他道路都是歧途，荆棘遍布，并且终将陷入泥沼。电视剧中女儿不听虎妈的安排，不喜欢钢琴课，就喜欢踢足球，她想的不是“不错啊，喜欢运动，将来身体好！”而是“女孩子，不接受艺术熏陶，整天跑跑跳跳，成什么样子！”

过度的控制欲往往导致过度焦虑，因为你总担心事情偏离轨道。

只有当万事都在控制之中时，你才感到安心，岁月静好，人畜无害。一旦有什么事情脱离了你的控制，你就会心惊肉跳，总觉得一定会有坏事发生，立刻焦虑上身，驱动自己想尽一切办法解决问题。

为了缓解自己的过度焦虑，你会抓住一切救命稻草，只要能给自己“大局仍在掌握中”的感觉就好。比如，孩子数学不好怎么办？跟孩子聊一聊，听听他的想法，想办法激发他对数学的兴趣，平时在生活中找到让他演练数学的机会，使他恢复对数学的信心？“那太麻烦了，而且万一做不好怎么办？不是又脱离我的控制了吗？还是报培训班吧，多简单，人家都说了‘保证教学效果’，只要交一笔钱，一切就又回到我的控制中了。”

所以从这个角度说，**这些培训班卖的不是产品，而是父母的控制感**。父母付出了金钱，把孩子送到培训班，感觉自己算是尽到了责任，孩子的前途重新回到了正轨，于是可以松一口气，满意地坐在培训班外面刷手机了。

父母为了减轻自己的焦虑，急切地走了别人贩卖的捷径，而没有去面对问题的根本，自然也就无法真正解决问题。很快，新的问题出现了，新的焦虑又随之而来。

解除育儿焦虑的根本方法不是重新控制，而是置之死地而后生，或者用通俗的话说，就是“欲练神功，挥刀自宫”——**宫掉你的命根子：控制欲。**

因为育儿和人生都是非线性问题，需要的不是你的控制，而是你的敬畏——敬畏孩子成长的规律，敬畏孩子的天性和意愿，还有人生那不可捉摸但又因果分明的所谓命运。

> 育儿和人生都是非线性问题，需要的不是你的控制，而是你的敬畏。

敬畏还意味着知道自己的渺小。收起“我要让孩子的潜力100%发挥”“我要为孩子100%付出”的妄念；宫掉时刻萦绕在你脑中的算计：“孩子要是上不了重点大学，这辈子就完了！”“这次旅行没有拍到一张可以发到朋友圈的照片，真是失败！”

因为养育、人生这类非线性问题的终极考量不应该是结果，而应该是过程。人生几十年，重要的是你的体验、你的情感、你的记忆、你的足迹。你在育儿过程中收获的，是孩子生病时你的担忧，失败时你的心疼，还有他离开家门展翅高飞时你的悲喜交集；但也有你和孩子朝夕相处的陪伴，孩子学会走路时你的喜悦，毕业典礼上你的自豪，和他婚礼上你的泪水。

谦卑地做一个观察者，满怀喜悦地帮助孩子自主成长，支持他的人生自主展开。这，就是自主教养。

第四节　把孩子培养成人类，而不是恐龙

努力把孩子培养成一个自主的人，帮助孩子自主成长，支持他的人生自主展开，最终成为他自己。这就是我一直提倡的，也是本书要重点阐述的自主教养。

自主教养不是闭门造车的主观臆想，而是时代发展的要求。如果几百年前有人鼓吹自主教养，我肯定一个大耳光扇过去，一边大骂“骗子、流氓、礼教罪人”，一边把他扭送官衙。因为那时候，养儿最重要的功能是防老。孩子第一要能赚钱养家，第二要听话孝顺，赚了钱不是养他的小家，而是养我老人家。所以，棍棒之下出孝子、子承父业，或者无论如何都得有一门手艺，是符合那个时代要求的育儿金律。

可是现在，养老在很大程度上已经不再需要依靠孩子，因此育儿也不再是一种经济投资，而是一个情感过程。过去那套养儿防老的教养方式不仅没有必要，而且很可能不利于孩子未来的发展。因为，这个时代发展速度之快，是以往任何一个时代都无法想象的。以前需要死记硬背的知识，现在一问手机就知道；以前被视为人类智慧结晶的围棋，现在被人工智能轻松打败。我们的孩子，要独立面对的不是今天的世界，而是10年、20年后的世界。那时的世界会是什么样？没有人知道。所以，你要做的不是为孩子设计人生之路，而是培养他自己应对人生变化的能力。

你要做的不是为孩子设计人生之路，而是培养他自己应对人生变化的能力。

恐龙在地球上横行霸道的时候，哺乳动物只能在它们的夹缝中求生存。霸王龙身高5米，体重8吨，咬合力高达20万牛顿，在白垩纪就像我们去吃自助餐，点啥吃啥；沧龙，牙齿锐利，弯曲、有倒钩，一口能把猎物拦腰咬断。可最终它们都灭绝了，因为它们来不及适应环境的变化。在环境不变时它们威力无穷，可一旦环境发生巨变，它们就“龙游浅水遭鱼戏，虎落平阳被犬欺”了。

小马生下来就会跑，小蜥蜴一出生就会保护自己，小老鼠出生1周就会自己找吃的，而人类的宝宝却只会哭着要喝奶、要换尿布、要人抱。2年过去了，兔妈妈都抱重孙子了，你家的宝宝还在学着上厕所；6年过去了，人家小狮子已经打败老狮子，成为新的狮子王了，你儿子还弱不禁风，出去打个酱油你都要跟着以防被人拐卖了。为什么人类发育得这么慢，却最终成为世界的主宰者？因为人类和动物不一样，不会先假设自己生在一个怎样的世界，然后生出来一看：“咦，说好的大草原、大森林呢？这乌泱乌泱的两条腿走路的猴子是什么？”然后就傻眼了，灭绝了。**人类的生存策略不是强大的预设程序，而是灵活的应变能力。**

当然，人类也有很多预设程序，但大脑的后天学习能力是其他动物望尘莫及的。所以人类特别能适应不同的环境，还特别能改造环境，因为我们的大脑特别有创造力，敢想敢干，最后就干出了现在这个世界。

现在这个世界，我必须说，比以往任何一个世界都更适合人类。正如前文所言，现代社会充满机会，几乎每个人都可以得到充分发展，但同时也充满不确定性。但是没关系，孩子有大脑，他们可以根据当时的情况灵活应对。我保证，他们那时的应对比你现在给他设计的策略要有效得多。当然，前提是你把孩子培养成人类，而不是恐龙。

把孩子培养成人类的有效方法就是自主教养。

自主教养的理论基础是美国心理学家爱德华·德西和理查德·瑞安提出的自我决定理论。他们认为，一个人的自我并不是先天预定的，好像命中注定就该有这样一个自我，你人生的目标就是找到那个埋在地下的自我——虽然现代社会特别流行发现自我”好像你本来活得好好的，后来一条巨龙偷走了你的自我，你只好跋山涉水，爬上酷寒的雪峰，经过一番恶斗，杀死了巨龙，在黑漆漆的洞穴里找到了一块石碑，上面写着“你的自我是……”然后你恍然大悟，从此过上了幸福、充实的生活——人的自我是由你自己通过生活逐渐发展出来的。如何发展呢？靠你平时做事出于自主的动机。

自我决定理论把人做事的动机分为三种：缺乏动机、外在动机和内在动机。

缺乏动机。我也不知道我要干什么，别人都做，我也做了（大家都上学，所以我也去上学；大家都结婚生小孩，所以我也结婚生小孩），浑浑噩噩，随波逐流。

外在动机。按照调节风格又分为四种：第一种叫外部调节。就是我做一件事情，是因为别人给我好处，或者如果我不做，就会被惩罚。我为什么要好好工作，因为可以拿到奖金；我为什么要去上学，因为不然的话我爸爸就会打我……也就是别人用外部条件来控制你。

自我决定论图解

非自我决定 → 自我决定

动机	缺乏动机	外在动机				内在动机
调节风格	无调节	外部调节	内摄调节	认同调节	整合调节	内在调节
动机来源	非个人	外部	略外部	略内部	内部	内部
调节因素	- 无目的 - 无价值 - 无能力 - 无控制	- 顺从 - 外部奖赏与惩罚	- 自我控制 - 自我投入 - 内部奖赏与惩罚	- 个人重要性 - 价值意识	- 一致性 - 觉察 - 自我整合	- 兴趣 - 享受 - 内在满足

第二种叫内摄调节。它已经不是别人直接控制你了，而是你自己想要做一件事，但是你做这件事仍然是为了满足别人。比如说，我为什么要好好学习？是因为不好好学习，妈妈就会失望；而如果好好学习，老师就会表扬我。我为什么要拼命赚钱，因为如果我赚了钱，别人就会觉得我很了不起，我很有面子。“内摄”的意思就是把别人的价值观当成自己的价值观，内摄调节的驱动来自于你自己，你会自律、投入，但你其实仍然是受控于别人。

第三种叫认同调节。它和第四种整合调节很像，为了简单起见，我在本书中就把它合并到整合调节。它是指我做这件事情，是因为认同这件事情本身。也就是说，我认为这件事情是对的，是我应该做的，与别人对我的期望没有关系，它源于我的价值观。比如，我为什么要好好学习？因为如果我学习好，就可以成为一个对社会有用的人；或者我想成为一个科学家，所以我想好好学习。

内在动机。当你做一件事情，不是为了这件事带来的结果，而是为了这件事情本身，这就叫内在动机。比如你的爱好，你打篮球、旅游、读书、看电影，不是因为这些事情能使你挣到钱，或者妈妈要你去做的；也不是因为这些事情看起来高大上，别人会羡慕你，而是因为这些事情给你带来的乐趣、享受和内在的满足感。

学习也可以是出于内在动机。我在高一暑假时，无意中把高二的物理书翻开看了看，结果发现，里面的电磁学太美了！体系森然，逻辑清晰，又能与力学定律一一对应。于是我把它自学了一遍，不需要任何人监督，也没有和家里人报喜邀功。为什么呢？因为我做这件事是为了自己开心，物理学实在太好玩了。

内在动机和外在动机的整合调节⑧**属于自主动机。你做事是出于自己的兴趣、激情、价值观、人生意义、自我认同，所以你充满积极情绪**。你学习主要是因为好玩，解开一道数学题，读到一首优美的诗，知识宝库的大门徐徐打开，平凡世界的奥秘向你展现；你把金属扔进盐酸，咕噜咕噜地就冒出了氢气；你写了一段音乐程序，啦啦啦地计算机就唱起歌来……这世界多精彩啊！一个具有自主动机的人，做事能得到更多的积极体验，得到积极体验后就更喜欢做这些事，由此形成了一个正面循环，事情做得越来越好，人也越来越快乐。

⑧ 为了叙述方便，本书对自我决定理论做了简化，比如略过了无动机，把外在动机的不同调节方式也称为动机，把认同调节合并到整合调节之下，等等。

自主动机的反面是受控动机（外在动机的外部动机和内摄动机[⑨]），就是受他人的控制。这可以是直接的控制，比如外部调节，你好好学习就给你买冰激淋吃，你考得不好就揍你一顿；也可以是间接地被别人控制，比如内摄调节，你努力学习，因为这样你才能感觉到妈妈是爱你的，老师才会表扬你，小伙伴才会尊重你。好好学习是你自己做出的决定，但不是出自你的本心，而是迫于外界的压力或者被外界因素所诱惑。

这时你做事更多的不是出于为了获得更多的积极情绪，而是为了逃避消极情绪的煎熬。“如果不好好学习我就会感到内疚，对不起我的父母”“如果没有出人头地，我就觉得自己毫无价值”“如果我的表现不能让父母满意，我就担心会失去他们对我的爱”“如果我这件事做砸了，那所有的人都会看不起我，让我颜面扫地”……**一个受控的人，生活中必然是各种负面情绪此起彼伏，**焦虑、担忧、内疚、抑郁，在心里不停地冲突，人生很难找到目标和意义。

更重要的是，一个受控的人是无法形成真正的自我的。只有当你自己做决定的时候，这件事情符合你的价值观，是你喜欢的、享受的，是你的兴趣、激情所在，这样反复实践，才能逐渐发展出自我。

你希望孩子成为一个什么样的人呢？被别人驱动还是被自己驱动？实现别人的目标还是实现自己的目标？能够完成每项任务，但却不知道自己为什么要做这些事情，还是清醒地为自己做决定、选择自己的人生？

我希望我的孩子是后者。我希望他有自己的驱动力，而不是靠我驱

---

⑨ 后文简称“外部动机”和“内摄动机”。

这就是自主教养。把孩子看成一个自主的人，培养他的自主性，鼓励他发展自己的人格，表达自己的情感，追逐自己的兴趣，为自己的人生做决定。

动；我希望他有自己的目标，而不是实现我的目标。

做父母的责任，不是为孩子安排好一切，而是帮助、支持他发展自主性，让他将来可以面对这个复杂的世界，自己做决定，自己去爱、去恨、去学习、去奋斗、去体验、去享受，去成为他自己，过属于他的人生。

第五节　知之者不如好之者，好之者不如乐之者

自主教养的理念虽然好，但实践起来却困难重重。这一方面是因为过去几千年养儿防老的育儿理念根深蒂固，为确保孩子将来能有经济能力和主观意愿回报自己，人们采用的大多是受控教养。虽然现代社会人们在物质层面已经不需要养儿防老，但是传统的育儿方式仍然沉淀在文化里，被人们习惯性地采用。就像虽然在现代社会里吃饭只是暂时补充能量，而不是防止饿死，但是防止饿死的吃饭方式仍然沉淀在我们的基因里，使我们无法抗拒高脂肪、高糖类、高蛋白的食物。另一方面，自主教养也确实不好用。它跟我们的直觉反应经常是相反的，用起来很不顺手，而且见效太慢。

首先，用控制的方法让孩子做事，更简单，更符合我们的本能。孩子不听话，你是一个大耳光扇过去更容易，还是跟他耐心沟通，听他说出自己的心里话，然后一起寻找解决方案更容易？当然是打耳光更容易、更简单，更符合我们当时的本能反应。但它会把孩子打成一个受控的人，沟通才能把孩子培养成一个自主的人。

其次，在短期内，受控心理更有效。一个大耳光打过去，孩子马上乖乖听话了；而沟通，两个人你来我往地说了半天，很可能最后还是不能如你所愿。所以家长们都会不假思索地采取控制的方法，这在孩子小的时候也很有效，因为那时候孩子还无法反抗。至于等他长大了，可以反抗、开始叛逆了——那还是很遥远的未来呢。

第三，可能也是最重要的原因，受控动机毕竟也是动机，它能促使我们更有效地去做某些工作。什么工作呢？就是那些重复性的、单调乏味的工作，比如在工厂流水线上的简单操作。所以我们可以看到，过去的工厂都习惯性地采用奖金等赏罚制度激励工人，因为对于单调乏味的简单重复性工作，确实用受控动机驱动会更有效。你每在衣服上多钉 1 个纽扣，就多拿 1 毛钱。那好，你今天多钉了 100 个，就多拿了 10 块钱。但如果你想靠自主动机去激励流水线上做单调重复工作的工人，比如和他们说："钉纽扣多好玩、多有创造性、多有意义啊，你的人生意义就在于为人民钉纽扣，你不要因为钉了一辈子纽扣而悔恨，也不要因为碌碌无为而羞耻……"那你一定会被工人们哄打出去。

如今的教育体制，就是发源于工业时代，为了给工厂的流水线提供大量熟练工人而设计的。所以我们的学校教育，强调的是积累知识、掌握技能、服从命令，因为这样才能造就一个合格的流水线工人。学校的学习和在工厂的流水性上劳作一样，很大程度上变成了一种简单、重复性的工作，所以受控动机也能有效地驱动孩子学习。那为什么要培养孩子的自主动机呢？孩子长大后走上社会，不还是要当一颗毫无自主性的螺丝钉，被牢牢地钉在机械、重复的流水线上吗？自主性太高岂不是更痛苦？

好消息是，我们正在进入一个更加多元化、人性化，更加需要创造力和感受力的世纪。**工业时代的工作模式正在飞速消失，未来的工作更需要创造力、想象力和同理心，而这些正是自主动机的专长。**心理学研究发现，自主的人，更擅长完成创造性的工作，因为他们是发自内心地喜欢，所以更能全身心地投入，更容易想出新点子。而且，具有自主动机的人，不仅事业更成功，生活也更幸福。

今天我们确实可以用控制的方法，让孩子努力学习各种知识和技能，但孩子不是明天就走上社会，而是在10年、20年后走上社会。那时的社会是怎样的，你能预测吗？

2016年世界经济论坛报告《未来的工作》预测：“目前的小学生，长大后所从事的工作，有65%现在还不存在。”

以色列历史学家尤瓦尔·赫拉利则在《人类简史》一书中说：

“今天的孩子在中学或者大学学到的大多数知识，等到他们四五十岁的时候可能都会变得无足轻重。”

现在的孩子将生活在一个需要终身学习的时代，可孩子成年后你就不能在他身边逼他了，他还会学习吗？与其现在逼他学习，不如引导他自己喜欢学习。培养他的自主动机，让他自己选择学习什么，这才是立足未来的正确方法。用古人的话说，就是“授人以鱼，不如授人以渔”。

在受控动机（外部调节和内摄调节）的驱使下，孩子也会努力、奋斗，也可能会成功，但却很难拥有幸福感；而受自主动机（整合动机和内在动机）驱动的孩子，不仅成功的可能性更大，而且即使失败也能轻易越过这个坎，继续前行。所以孔子说“知之者不如好之者，好之者不如乐之者”。

《论语》中“乐”“说”[⑩]出现得特别多。《论语》开篇就是“学而时习之，不亦说乎？有朋自远方来，不亦乐乎？人不知而不愠，不亦君子乎？”孔子让弟子各言其志，结果最称许的不是治国、平天下，而是“莫春者，春服既成，冠者五六人，童子六七人，浴乎沂，风乎舞雩，咏而归”。后人把孔子奉为万世师表，似乎他最看重的是道德教诲，但其实他更希望引导后辈的，是如何找到事情内在的乐趣。

人的动机确实是可以被引导的。

你也许听过这样一个故事：一个老人住在很安静的街区，但有一段时间一群孩子总是跑到这个街区踢球，把他吵得很烦。他如果直接出去告诉这些孩子别在这儿踢球，肯定行不通。怎么办呢？他就和孩子们说：“你们在这儿踢球，我特别高兴，因为我一个人住在这里很孤单，你们在这儿热热闹闹的，让我找到

⑩ 通假字，通“悦”，后文同。

了快乐。你们每天到这儿来踢球吧，我每天给你们每人 10 块钱。”

孩子们特别高兴，踢球还能拿到钱，多好啊。第二天，他们又来了，踢完球之后，老人说：“孩子们，你们今天又来踢球，我特别高兴。但是我最近手头比较紧，我给你们每个人 5 块钱，行不行？”孩子有点儿不高兴，但是 5 块钱也是钱，拿了吧。

第三天，他们又来了。老人说：“孩子，你们今天又来了，我太高兴了。可是我手头实在没有钱了，这样吧，你们以后免费为我踢好不好？”孩子们很生气：“我们每天辛辛苦苦为你踢球取乐，你一分钱也不给，情何以堪？以后再也不给你踢球了！”于是他们再也不到这个街区来踢球了。

故事中的老人就是成功地把孩子们的内在动机变成了外部动机。孩子们踢球本来只是为了好玩，但老人让他们认为踢球是为了赚钱，然后当老人把外部动机撤掉之后，孩子们就不踢球了。

这听上去只是一个有趣的故事，但其实是被很多研究反复验证了的道理，就是人的动机是可以被操弄的。这是因为我们做事经常都出于多种动机，比如我写这本书，首先是出于整合动机，我觉得把这些理念和知识传播出去，能帮助很多父母；其次是出于内在动机，因为我喜欢写作；但也有外部动机，如果出版社不给我版税，那我肯定要跟他们急；还有内摄动机，自己在育儿方面的有一本专著，多有面子啊！

如果我的注意力集中在其中一种动机上，就会降低另一种动机在我心中的重要性。比如，编辑跟我大谈这本书如何大卖，版税收入能达到多少，我就会觉得，写书本身没有多大意义，关键在于从中赚到多少钱；但如果一位读者和我说，这本书对他帮助有多大，我就会觉得，这本书哪怕没有给我带来多少名气和利益，也是值得的。

所以，如果你和孩子强调“书中自有千钟黍，书中自有黄金屋”，反而会让他觉得学习本身没什么乐趣。如果你用钱奖励孩子做家务，反而会妨碍他树立爱劳动的价值观，因为他会觉得做家务并不是一种道德义务，而只是一个交易。

这就是“知之者不如好之者，好之者不如乐之者”的真正含义。我们不仅仅要让孩子知道如何做一件事，更重要的是让他知道为什么做这件事。但最重要的，是要让他享受做这件事的过程。

我们不仅仅要让孩子知道如何做一件事，更重要的是让他知道为什么做这件事。但最重要的，是要让他享受做这件事的过程。

虽然孔子在两千多年前就提出了这一观点，但我们的传统教育并没有领会他的深刻见解。好在当时间进入到21世纪，我们终于有条件，也有科学理论和方法，帮助孩子培养更多的自主动机。

第六节　父母是园丁，而不是木匠

在讲完自主教养的理念之后，下面我就开始讲自主教养的方法了。如序所言，**自主教养的方法分为（1）去除受控动机、（2）满足基本心**

理需求、（3）增加自主动机三大部分，具体的结构如下图所示：

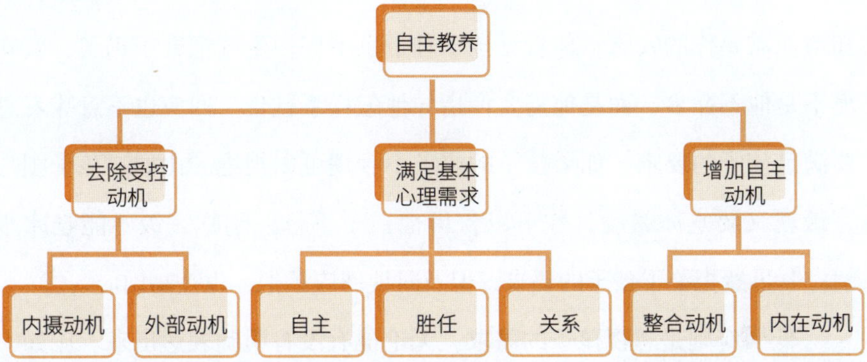

本书的框架是建立在自我决定理论之上，育儿的理念则来自于美国发展心理学家戴安娜·鲍姆林德提出的引导式教养模式[11]。戴安娜·鲍姆林德把教养方式按养育者的回应程度和要求程度这两个维度进行区分（如下图）。

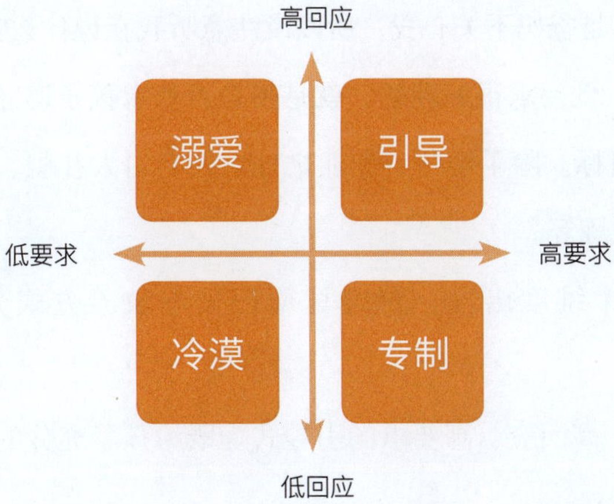

⑪ 英文原文为 Authoritative Parenting Style，常译为“权威式教养”，本书译为“引导式教养。

高回应是指能注意到孩子的需求，并加以适当的回应。这里所说的需求不一定都是孩子自己提出来的，有时候你看见孩子情绪低落，就知道他需要你的安慰；你看见孩子鞋带系不好一生气把鞋子扔了，就知道不是他不懂事，而是他需要你指导他怎样系鞋带。回应也不意味着总要满足孩子的要求，如果孩子的要求不合理可以拒绝。比如，孩子刚吃完饭就又要吃冰激凌，你可以告诉他："不行，刚吃完饭不能吃冰激凌。"虽然拒绝了孩子的要求，但及时地回应了他，也是高回应。

低回应则是忽视孩子的需求，无论他有没有明确表达出来。比如，明明孩子做作业已经很累了，需要休息，你还逼他再去上另一个培训班；他情绪不好，你不是安慰他，而是给他讲大道理。或者像上面举的例子，你觉得他的要求不合理，因此就不理他。这种不理睬比拒绝要糟糕得多，因为拒绝表示"我在注意听你的话，我知道你想吃冰激凌，但是我更关心你的健康，所以我拒绝了你的请求"，但不理睬则会让孩子疑惑："是不是爸妈不关心我，所以没注意听我在说什么？"

高要求、低要求很好理解，就是指是否要求孩子遵守一定的规范、达到一定的目标。除了学习、作业之外，还有对人礼貌、按时睡觉、做家务、体育锻炼等。

从这两个维度出发，鲍姆林德把父母教养方式分为四种（如上图）：

第一种，高回应、高要求的引导式。既给孩子充分的爱，又鼓励他进一步发展提高；

第二种，低回应、高要求的专制式。忽略孩子的需求，给他提出很可能不符合实际的要求。

第三种，高回应、低要求的溺爱式。只顾满足孩子的需求，却忽略了对他的进一步培养。

第四种，低回应、低要求的冷漠式。对孩子既不关心也不在乎。

显然，高回应、高要求的引导式是最好的教养方式，它与自主教养的理念不谋而合，就是既无条件地爱着孩子，给他及时的关爱和具体的指导，又尽量让他发展出自己独特的能力和自我。

本书提倡高回应、高要求的引导式教养方式还有一个原因：它符合成长型思维模式。

成长型思维模式的概念由斯坦福大学卡罗尔·德韦克教授提出，她发现，有些人相信“一个人的智力、才能、优势主要是天生的，后天改变的余地不大”，而有些人相信“一个人的智力、才能、优势可以靠自己的努力大幅提升”。她把前者的思维模式称为固定型，后者称为成长型。

固定型思维者相信一个人最重要的是天赋，他们会更关注自己是不是看上去很聪明，是不是取得了满意的结果；而成长型思维者相信一个人最重要的是努力，他们更关注自己是不是付出了足够的努力，是不是有进步。因此，固定型思维的人害怕挑战，遇到挑战后容易放弃，失败后可能一蹶不振；成长型思维的人欢迎挑战，遇到挑战后更可能坚持下去，失败后更容易东山再起（第五章第三节“成长型思维”会对这个话题有更具体的介绍）。

怎样培养一个成长型思维的孩子呢？这就需要父母用高回应、高

要求的教养方式。一方面，接纳孩子的现状，不是看到孩子表现不好就觉得他本性顽劣或者天赋愚钝，而是知道每个孩子都有自己的发展时间表，或者他只是在这方面功夫下得不够；另一方面，相信孩子有足够的潜力，可以做得更好，所以你会对他提出更高的要求。

低回应、高要求的专制型家长，他们的错误在于看不到孩子的能力有一个逐步发展提高的过程，当孩子的能力还达不到时，容易直接否定孩子的品行，然后要求孩子立即达到过高的目标，结果就是拔苗助长，而且很可能毁掉父母和孩子的关系。

高回应、低要求的溺爱型家长，错误在于不相信孩子成长的潜力。比如孩子6岁了还乱打人，你还在说："哎呀，他还只是个孩子啊。"其实是因为孩子在3～6岁这一阶段，没有得到社交规范指导，造成能力和心理没有达到应有的成熟程度。

所以，在这本书里我反复强调，既要接纳孩子的现状，也要相信孩子发展的潜力。自我决定理论、引导式教养方式、成长型思维模式，都支持这样的育儿理念。

如果把孩子比喻成一株幼苗，养育者应该是园丁，而不是木匠。这是伯克利大学艾莉森·高普尼克教授所作的一个比喻。木匠式家长是把孩子看作一成不变的材料，把自己看成巧夺天工的能匠，可以按照自己的伟大设计任意斧劈、锥凿，把孩子加工成自己想要的样子。

如果把孩子比喻成一株幼苗，养育者应该是园丁，而不是木匠。

园丁式家长则把孩子看成是一颗种子，虽然现在还很弱小，但未来有无限潜力，也有无穷多种可能性，因为家长也不知道这颗种子到底是会长成松树、柳树，还是牡丹、菊花。家长无法设计种子的未来，只能给种子提供土壤、阳光和雨露，为它去除杂草、修剪枝叶，让它尽量长成它本该长成的样子。

它最终本该长成的样子，很可能在你看来不够完美，但园丁的欣喜，来自于种子最终蓬勃繁盛，浴乎春霖，风乎秋息，咏而归，而不是是否按自己的期望生长。木匠才会对自己打造出来的工艺品精益求精，稍有瑕疵便懊恼不已。

从这个角度说，每一个孩子都是完美的，那是一种独特的完美。

在这本书里，我用了很多我儿子的例子。他遗传了我和太太的基因，再加上受我们的示范影响，为人善良，情绪控制能力较强，也善于逻辑推理和抽象思维。当然，也颇有些不足之处。但是没关系，他在我们的眼中，就是有缺点但又完美的。

本书所举的一些在我儿子身上有效的方法，可能在你的孩子身上就不适用。没关系，你的孩子和我的儿子一样，都是有缺点但又完美的。

只要你接受他的现状，又激发他的潜力，并且无条件地爱他的独一无二，他就会成为他自己本该长成的样子：一个自主、蓬勃和充实的人。

第三章

去除束缚：减少对孩子的心理控制

心理控制是指父母通过影响孩子的心理、感受、情绪和想法等控制孩子。使用心理控制的父母，容易培养出内摄动机强的孩子。内摄动机驱动的孩子，做事是为了满足别人，比如不辜负家人的期望、不让妈妈伤心、得到别人的肯定、有面子等。这样的孩子看似做事积极、主动，不需要外在压力驱动，但他追求的是别人的肯定，而不是自己的肯定。这样的动机不利于孩子形成自主的心理。

心理控制方法虽然很多父母都在用，但有些是无意识的，也不了解其危害。本章讲述了否认感受、压制思考、激发内疚、有条件的爱、动机分析、激发焦虑等六种常见的心理控制方法及其对策，最后也讨论了正确的批评方法。

第一节　否认感受：有一种冷叫妈妈觉得你冷

妈妈："宝贝，你要加衣服了。"

孩子："我不冷。"

妈妈："不会吧，你肯定冷！"

孩子："我真的不冷！"

妈妈："我不管，反正我觉得你冷。"

然后咣当，一件大厚外套扔给孩子。

这个场景是否有点儿眼熟？孩子长大后，把它总结为"有一种冷叫妈妈觉得你冷"。**这在心理学上叫否认感受，就是通过否认孩子表达出来的感受，从心理上控制孩子。**它有很多种表现，下面这些例子必有一款适合你，比如：

（儿子摔了一跤，哭了起来）

爸爸："不许哭！这有什么好哭的？"

孩子："爸爸，我疼！"

爸爸："摔得并不重啊，怎么会疼呢？你是男子汉大丈夫，肯定不疼！"

妈妈（送给女儿一个礼物）："喜欢吗？"

孩子："嗯，不太喜欢。"

妈妈生气了："你怎么会不喜欢呢？你一定喜欢！300块钱呢！"

爸爸："今天到爷爷奶奶家玩，开心吗？"

女儿："不开心。"

爸爸："爷爷奶奶对你那么好，还做了那么多好吃的给你吃，你还不开心？你必须开心！"

女儿："爸爸你看，我这次考了99分！"

爸爸："有什么好高兴的！你看看人家小明，考了100分都不骄傲！"

否认感受是一种很有效的心理控制手段，因为孩子需要通过外界的反馈确认自己的行为、感受和认识是否得当。如果父母否认孩子的感受，但孩子又确实体验到这种感受，他就会迷惑：

——"是不是我有问题啊？为什么我会有这种错误的感受呢？"

——"爷爷奶奶对我那么好，我还不开心，那我是坏孩子喽？"

——"我摔了一跤明明很疼，爸爸却说我不应该疼，那我的身体有病吗？"

——"考了99分我真的很开心耶，爸爸却说我开心不对，难道我的心理没有小明健康？"

你总是否定孩子的感受，他就会琢磨自己是不是不正常、有问题，这会导致他压抑自己的感受和想法，怀疑自己的价值，进而导致他不够自信，也无法形成独立的自我，以后会出现两个极端，要么在心理上彻底依附父母，要么产生更多的叛逆行为。

否认感受可能暂时可以让孩子听话，想你所想，不再与你争论，但它压制了孩子的感受，会使孩子贬低自我价值，影响自我整合。

因此，我们不应该否认孩子的感受，因为感受是孩子内心自然产生的，它没有对错。我们可以规范孩子的行为，矫正孩子的想法，但是对于孩子的感受，我们只有接纳。接纳之后，再解决问题，也会更容易。

比如，如果你担心孩子冷，但孩子又说他不冷，你就可以直接和他说："哦，你不冷。可是有时候人自己不觉得冷，被风一吹觉得冷就已经着凉了。"

当然，根据我的经验，孩子并不会因此就乖乖穿上衣服，而是会问："什么叫着凉？好吃吗？"或者"那我就等到风吹之前那一秒钟再穿也来得及。"因此，你还需要和他进行更多的讨论，才能最终说服他穿上衣服；或者也可能是你最终发现，其实不穿真的也没关系。**但不管怎样，你都应该鼓励他充分表达自己的感受和想法，这有利于孩子的心理健康发展。**

其他情况也是一样。孩子摔了一跤，我们不用过度恐慌，跑过去一把搂住孩子说："宝贝，你摔疼了吧？都是这地不好，把我们家宝宝弄疼了，我们打地！”那会使孩子以为摔跤是一件天大的事，使他更害怕。

但我们也不能走到另一个极端，否认孩子的疼痛感觉，因为这是很自然的感觉。这时候我们也自然应对就好了。我们可以先肯定孩子的感受：“你觉得疼，是吧？”其实就这么简单的一句话，让他知道他的感受是真实可靠的，是被大人接纳的，他就会感到没那么疼了。

你的反应越自然，他就越不会把摔跤和疼痛当回事，以后自然会成长为男子汉，不用你教；如果你反应过度，无论是大惊小怪，还是压制他的自然反应，都会使他更把疼痛当回事，反而不利于培养他的勇气。

比疼痛更强烈的一种感觉，是害怕。你在孩子害怕时压制他的感受，他就会变得勇敢吗？很多家长就是这么做的，但其实最后往往事与愿违。

举个最简单的例子，打针。你越是和孩子“说打针不疼，你别害怕”，他就越害怕。最后你逼得太紧，他就嚎啕大哭起来，死活不肯打。所以我都是提前和孩子说：“明天你要打针了。”他一听就很紧张，说：“那会疼吧？”我说：“对，会疼一下，但是也没那么疼。”他会问：“到底有多疼？”我就让他把手臂伸出来，模拟打针，告诉他有多疼。到了真去打针的时候，他还是会害怕，我就说：“你有点儿害怕是吧？”他说：“对，还是会怕疼。”我说：“是啊，我打针前也怕疼的。”这就让他知道，至少他不用害怕他的害怕。结果他很早就能平静地打针，既不哭也不抗拒了。

因为勇气，并不是什么都不害怕，而是虽然害怕，但仍然坚持去做正确的事情。而害怕，和其他所有人类的情感一样，都是你越压制，它就越强烈。这种强烈不一定直接表现出来，也可能是间接的，比如那些从小不被允许害怕的人，长大后可能会寻找各种刺激，比如危险的极限运动，或者暴力、战争；而且他们也会无视别人害怕的情感，更可能成为欺凌者。

相反，如果你接受孩子的害怕，让他知道害怕并不可耻，那他在遇到欺凌者时，虽然也会害怕，但并不会因此觉得自己有问题，而是敢于继续大声讲出自己的看法。这才是真正的勇气。

勇气，并不是什么都不害怕，而是虽然害怕，但仍然坚持去做正确的事情。

同样的，对于那些夹杂着道德教诲和评价的情况，我们也要先接纳孩子的情绪，然后再表达我们的看法。比如孩子到爷爷奶奶家玩后，竟然说并不开心，你可以先肯定他的情绪："哦，你不开心啊。"或者鼓励他继续表达："你再多说说。""好，我听你说。"因为我们需要弄清楚他不开心的原因，才能解决问题，而不是直接否定他的感受。他可能会说："他们做的东西，我不喜欢吃。"或者"他们不让我出去玩，老闷在家里！"然后我们就可以对症下药了。

当然，这些方法都比较麻烦，没有否认感受那么痛快，甚至有时候也没有否认感受那么有效，所以大家刚开始做的时候肯定会觉得不舒服。而且我们中国人虽然都把孩子当成小皇帝，一切都围绕着孩子转。但是更多地是在物质方面以孩子为中心，在精神方面我们反而不太尊重孩子的感受。

但是，如果我们的目标不是孩子一时的听话，而是长期的健康心理，那我们就不能否认孩子的感受，而应该无条件接纳他的感受，然后再矫正他的想法和行为。

第二节　压制思考：我还不是为了你好！

看了上一节，你可能会觉得有点儿委屈："我们还不是为了孩子好吗？"

是啊，"妈妈觉得你冷"是为了保护孩子不着凉，"爸爸觉得你不疼"是为了培养孩子的坚强，"考了99分也不许高兴"是为了防止孩子骄傲。可是，你知道吗？"我还不是为了你好"这句话，就像"你以后就明白了"这种话一样，本身就是一种心理控制的方法，叫压制思考。

如果孩子从小就常听大人说："你要相信，我都是为你好啊，你长大以后就明白了。"那他就会想："哦，原来我的思考是靠不住的，我不知道什么才是真正对我自己好。"这会导致两种极端的情况——孩子长大以后要么没有主见，凡事都听别人的，随波逐流；要么故意反叛，妈妈叫他往东，他偏要往西，妈妈叫他赶鸭，他偏要撵鸡。

> 故意反叛其实也是一种被控制，他是被要与妈妈捣乱的想法控制。

所以，他貌似做出了选择，其实没有选择。在妈妈要他往东时，他必定往西；在妈妈要他赶鸭时，他必定撵鸡，而不是根据自己的价值观做出自主的判断。

价值观和自主的判断，只能来自于独立思考。可我们中国的父母，经常会用一句“我是为你好”，就宣称辩论获胜，好像只要动机是为孩子好，那方法和逻辑就一定是对的。**这样确实可以让孩子暂时听你的话，但从长远看，代价是孩子没有独立思考能力。**所以，不要再说这些话了：

爸爸：“以后你不要和小明玩了，他坏毛病太多了。”

儿子：“可是我喜欢和他玩～”

爸爸：“我可是为你好，你别不识好歹！”

妈妈：“你的人生，我都替你规划好了。你将来啊，就去上文科，然后上管理专业，将来就到外企去，做个小金领！”

女儿：“可是我喜欢理科……”

妈妈：“你现在还不明白，将来就知道了，你要听我的，我都是为你好！”

女儿：“爸爸，我喜欢爷爷奶奶，为什么不让他们也住到我们家来呢？”

爸爸：“小孩子不要问这种问题！”

儿子：“妈妈，我不想去上奥数班了！”

妈妈："想想想！小孩子想什么想！你听大人的话就行了！"

妈妈："我都替你看好了，这小伙子在国企上班，工作稳定，福利又好，家里条件和我们家也般配，这回你可不许再把人家给气跑了！"

女儿："可是我对他没感觉……"

妈妈："感觉、感觉！感觉能当饭吃吗？我都是为你好！等你将来小日子过得美滋滋的，你就明白了。"

> 我们应该退一步，把什么才算好的决定权，留给孩子。而这其中的关键，就是培养孩子的自主思考能力。

那么，怎样才能避免压制思考这种心理控制方法呢？首先，我们要改变思想，认识到我们家长认为的好，不见得是真的好。孩子怎样才算好？只有孩子自己知道。我们所认为的对孩子好，更可能是夹杂着我们自己心理需求的私货。

比如上文举的例子里，妈妈为孩子规划人生、逼孩子学奥数，很可能是妈妈觉得奥数成绩好、"小金领"这样的孩子让自己特别有面子，然后她自己也相信了这真的对孩子好，再用这个理由去说服孩子。

我们不要低估孩子自主思考的能力和意愿，当他们问出为什么的时候，就说明他们已经准备好进行这方面的思考了。比如上文所举例子中那个很敏感的"为什么爷爷奶奶不住到我们家来"的问题，大人完全可以大大方方地和孩子解释，比如“爷爷奶奶也想有自己的生活，他们想你了就来看你，平时就住在自己家里，这样他们更自在”，或者“爷爷奶奶也想来带你，但是爸爸妈妈觉得带你是我们的责任，爷爷奶奶以前把爸爸带大已经很辛苦了，现在该让他们多休息了”。

再比如，孩子好奇自己是哪儿来的，可能会问：“妈妈是怎么把我生出来的？”你觉得，哎呀，好难解释，就来一句“小孩子不要想这些问题”，给他的好奇心设置了禁区。但其实，你也可以根据孩子的年龄，给出相应的回答。比如“你那个时候很小很小，妈妈在医院里有医生帮忙，把你生出来的。”或者如果实在难以回答，就可以反问：“你觉得你是怎么生出来的呢？我们猜猜看好不好？”

当然，确实在很多情况下，你觉得肯定是你有理，比如，孩子没病也没痛，可就是不愿意去上学。即使在这种情况下，你也不应该只是来一句“上学是为你好，你将来就明白了”，而应该和孩子对话，听听他的理由。

我们可以使用上一节中介绍的技巧，就是先肯定他的感受：“哦，你今天不想去上学啊？”有时候，家长肯定了孩子的感受，孩子就能打开心扉了；但有时候，孩子仍然会抗拒，你问：“为什么不想去呢？”他也只是说：“我就是不想去！”这时候，家长可以试着猜一猜他的原因：“哦，是不是谁惹你烦了？”“是因为学习、作业上的事吗？”

这时候的猜测宜大不宜小，因为如果你猜得太细，却总是猜不着，孩子就更不愿意和你说了。“哦，是不是小芳惹你烦了？”“那就是你怕王老师？”“还是小红欺负你了？”可其实他可能是因为作业没做，不想去学校。你从大的方面往小的方面问，慢慢地弄清楚他不愿意去学校的真正原因，然后就可以讨论了。

如果时间紧急，无法进行这样详细的讨论，那也可以直接告诉他：“我也很想和你聊一下这个问题，但现在我们快迟到了，所以我先把你送到学校，然后晚上我们来讨论。”当然，到了晚上，你一定要说话算数，和他开诚布公地讨论。这样几次之后，他就知道了，父母说话是算数的，对他的意见是尊重的，他就会越来越配合。千万不能为了图省事，就用一句“我都是为你好”，把孩子的自主思考封杀了。

作为心理控制的主要武器，“我都是为你好”不仅会压制孩子的思考，还会激发孩子的内疚心理：“我都对你这么好了，你怎么还能不听我的话？”这就是下一节要讨论的心理控制方法：激发内疚。

第三节　激发内疚：我为你付出了那么多，你……

儿子：“爸爸，你怎么老不陪我玩呢？”

爸爸：“还不是为了你？！你一个星期上五个兴趣班，你以为你的学费是天上掉下来的吗？我每天上下班来回三个小时，白天累得要死，回家还要加班挣外快，都是为了你啊！你还不珍惜，不去好好学习，还在想着玩？

这个爸爸的话就是**激发孩子内疚心理的第一种典型言行：对孩子历**

数自己的付出。你看他把自己为孩子的付出都像摆功劳一样，一条一条地摔到孩子脸上，意思很明确："我为你付出了那么多，你不想着怎么报答我，就只知道玩，还埋怨我不陪你玩，你就不内疚吗？"

但你大概也听出来了，这个爸爸的话有问题：一星期 5 个兴趣班，多半不是孩子要求的，而是父母给他报的。所以孩子多冤枉啊，他又不想上这 5 个兴趣班，可现在爸爸却觉得都是他的错，要求他为上这 5 个兴趣班的后果负责。

就像曾经热播的电视连续剧《虎妈猫爸》里的一个片段：

> 女儿："我讨厌妈妈！"
>
> 妈妈："你知道这家里谁是真正为你着想的吗？谁真正关心你，你知道吗？妈妈为了你，连工作都不要了，每天想着你吃什么、学什么，你就和我讲这样的话，你有没有良心啊？！"

在虎妈看来："哎，我为你工作都不要了，每天就操心你的学习和生活，你还不感恩？"可从她女儿的角度来看，她压根就不要妈妈整天盯在家里，把她安排成一个全自动机器人。**这是激发内疚的第二种典型言行：不是孩子的错，却让孩子以为是他引起的，要他负责。**

再比如，夫妻吵架后，有的妈妈会对孩子说："要不是为了你，我早就离婚了！你以后一定要对妈妈好啊！"这其实也是一种激发内疚，因为你要不要离婚，那是你的事。你考虑到孩子的因素，决定不离婚，那也是你的决定，你凭什么就觉得孩子因此欠你的呢？

很多父母的心里其实是觉得："我不管你要不要我牺牲，反正我觉得我做出了牺牲，所以你就欠我的。"

可是，我们把孩子生出来，本来就没有征求孩子的意见，本来就是父母自己的决定，所以孩子真的不欠我们任何东西。你需要把孩子抚养大，这本来就是你的义务，在你决定生孩子的时候，你就相当于已经做出了承诺，所以要为你后来的那些所谓的牺牲负责的，不是孩子，而是你自己。

如果我们经常激发孩子的内疚，就会让孩子怀疑自己的价值。比如前面那个爸爸，和儿子历数自己为儿子如何劳累工作，那就会让孩子想："原来我不是让爸爸更快乐了，而是让爸爸更苦、更累了。"那个为了孩子不肯离婚的妈妈，会让孩子想："原来我不是妈妈欢乐的源泉，而是她的累赘、负担。"

如果孩子觉得自己总在给别人惹麻烦，那以后就会活得战战兢兢，压抑自己的想法，随时想的是怎样不惹别人讨厌，或者干脆自暴自弃、破罐破摔。你们不是都嫌我麻烦吗？那我索性就多惹点儿麻烦，让你们嫌个够！这就是叛逆。但是这些孩子在叛逆的时候，心里其实是很苦涩的，因为他们自己也知道自己的做法是错误的。

但是虎妈们还不肯就此收手，她们还经常会对孩子使用**第三种激发内疚的方法，就是直接告诉孩子——你应该感到内疚。**比如《虎妈猫爸》里的虎妈对女儿说"你有没有良心啊"，又比如：

（儿子考了75分）

妈妈：“我每天天还没亮就起来给你做早饭，把你送到西边的学校，再挤一个小时公交车到东边上班，晚上陪你做作业到11点，你就考个75分？你对得起妈妈吗？”

这是直接告诉孩子，你应该感到内疚。它和第一节的否认感受是同一个意思。否认感受是孩子没觉得冷，可妈妈觉得你应该冷；这里是孩子没觉得内疚，可妈妈觉得“你对不起我，你怎么还不内疚呢？”

显然，这个妈妈是把自己的感受凌驾于孩子的感受之上。她满脑子想的都是自己，孩子没考好，她想的是自己的付出；孩子没有达到自己的期望，所以孩子应该内疚。她没有从孩子的角度考虑，当孩子没考好时，他的感受是什么——他是不是很沮丧、失望、难过，甚至可能也在害怕妈妈的惩罚，这个时候他还没来得及感到内疚呢。

我不是说内疚这种情绪不好，父母在任何时候都应该避免让孩子内疚。绝对不是。内疚是人类的正常情绪，在你意识到自己做错了事情之后就会产生。一个人如果从来不感到内疚，那肯定道德有问题，不知道要做出多少伤天害理的事情。

做父母的应该怎么做呢？

第一，孩子应该有内疚感，但内疚感要自然产生。这里的关键就是要让孩子有自己的价值观和道德评判体系，这样他做错事之后，自己就能意识到错了，自然就会感到内疚。当然，价值观的培养是一个很大的话题，我会在第六章详细讲，但你肯定不能通过心理控制的方法培养孩子的价值观。

第二，我们要干涉的是孩子的行为，而不是孩子的感受。孩子没考好，不要急着责备他，而应该和他一起看看为什么没考好，帮他下一次考好些。孩子犯了错误，比如打碎了家里的碗，不要急着骂他："怎么这么不懂事，你不知道妈妈赚钱多辛苦吗？！"而是让他把碎片收拾好，告诉他这个碗多少钱，他可以通过做哪些家务来补偿。

因为孩子犯错误时，其实更多的是害怕或者困惑，这个时候你逼着他内疚，只会让他更不会处理错误。还不如帮他解决问题，让他知道犯了错误之后该怎么办。他发现自己必须承受后果、必须花大力气补救，自然就会避免犯错误。

第三，父母有时候激发孩子的内疚，是因为自己太沮丧了。"我为孩子做了这么多，他怎么还是这么不听话呢？还是学习不好呢？还是让我失望呢？"这时候，父母很自然地就会觉得孩子应该负责任，应该内疚。

但是，就像我在本书中一再强调的，你不能直接干涉孩子的感受。你自己有负面情绪，可以直接告诉孩子，至于孩子是不是感到内疚，是他的事。比如电视剧中虎妈的女儿说她讨厌妈妈，虎妈就可以直接说："茜茜，你这么说让我很伤心，因为我那么爱你，也特别希望你爱我。"

只说自己的感受，不干涉孩子的感受。

当然，虎妈如果能这么说，就不是虎妈了。但是，这个电视剧里的虎妈是非常夸张的例子，现实生活中的父母其实稍微练习一下，都不难掌握这个技巧：**只说自己的感受，不干涉孩子的感受。**

比如，孩子来找你玩时，你可以直接说："对不起，爸爸现在特别忙，因为爸爸也有自己的事业。我今天晚上加班，明天陪你玩好不好？"又比如，孩子没考好，你可以直接告诉他你的感受："你考了75分，让我很失望，因为我知道你可以考得更好。"

还有些时候，我们忍不住要把自己为孩子吃的苦都一道一道地摆给孩子听，是为了教育孩子感恩，可你的这种感恩教育，孩子听了却往往会变成内疚教育。区别在哪里呢？就在于你为孩子付出时是不是期望有回报？当然，这个回报不一定是像一百年前那样，要孩子给你养老，而可能是要孩子听话，要孩子好好学习，等等。

可是，你想想，如果有一个人帮了你，但是他有回报的要求，那你对他是感恩呢，而是感觉欠债？孩子也一样，如果他们感觉你对他的付出是有条件的，他们的感受更多的是欠债，而不是感恩。这个时候，如果他又达不到你的要求，比如考得没有你要求的好，不想听你的话，欠债就转变为内疚。

关于如何正确地培养感恩，我会在第六章讲价值观的时候继续介绍。关键在于，用激发孩子内疚的方法控制孩子，虽然经常会很有效，但却会给孩子造成心理阴影，贬低其自我价值。

用激发孩子内疚的方法控制孩子，虽然经常会很有效，但却会给孩子造成心理阴影，贬低其自我价值。

而且，激发内疚是把你对孩子的付出和孩子对你的回报挂起钩来：“我对你付出了那么多，你却只回报了这么少，你难道不内疚吗？”这会让孩子误以为“如果我达不到父母的要求，父母就会不再给我付出了”。甚至在很多种情况下，这还不是孩子的误以为，很多父母还真的就是这么做的。孩子收到的信号就是：“爸妈对你的爱是有条件的，你要是不听话，我们就不再爱你了！”这是最恶劣的一种心理控制方法：有条件的爱。

第四节　有条件的爱：再哭我就不要你了！

妈妈：“来，多吃点儿青菜。”

儿子：“我不吃！”

妈妈：“你怎么这么不懂事？青菜营养好！不吃青菜的孩子，妈妈不喜欢！”

（孩子没考好）

爸爸：“你老爸小时候就从来没考过第二名！你要是考不到全班第一，你就不是我儿子！”

（孩子坐在商场地上哭）

爸爸：“不许哭！给我起来！再哭我就不要你了！”

有条件的爱，是指父母告诉或者暗示孩子：我们给你的爱是有条件的，只有当你的表现符合我们的条件时，我们才爱你，不然我们就不爱你了。比如，用“如果你这样，妈妈就不要你了”“只有你那样，妈妈才喜欢你”这样的话，威胁、逼迫孩子听话。

或者，用行为上的差异让孩子感到父母对自己的爱是有条件的：孩子表现好，就欢天喜地；表现不好，就冷若冰霜。比如，孩子考了100分，就给他做好吃的；考了80分，就对他不理不睬。孩子足球比赛进了球，就夸他：“真不愧是我儿子，太棒了！”比赛没踢好，就训斥他：“别叫我爸爸！谁是你爸爸？你不嫌丢人，我还嫌丢人呢！”

当然，很多父母会觉得冤枉：“我当然是无条件、全心全意地爱我的孩子的啊！我那么说只是说说而已，那么做也是故意装出来的，其实都是为他好！”

孩子最害怕的，就是失去父母的爱。

可是，你要知道，父母的爱对孩子意味着什么，那是和空气、水和食物一样重要的东西！当你用有条件的爱控制孩子的时候，确实经常能达到目的，因为他太需要你的爱了，你会看到他果然会按你说的办。但是，那是他为了留住你的爱，伪装出来一个父母喜欢的自我。进入青春期后，孩子会出现抑郁、无助等心理问题。而且他也不会真正地爱你，事实上，他不恨你就不错了。

有条件的爱还会让孩子贬低自我价值，它会让孩子想：“你真的爱我吗？还只是爱我的表现？”孩子会认为：“我本身没有价值，我只是满足父母期望的工具。”

如果孩子经常担心父母不再爱他了，那他以后就不会有安全感，总在担心被别人抛弃。举个极端的例子，如果你经常和孩子说：“你再不听话，我就不要你了。”那将来你的儿子长大了，离开你了，他宿舍里的哥们和他说：“走，打架去，你要是不去就不是我兄弟！”你猜他去不去？或者呢，你的女儿长大后，她的男朋友和她说：“你要是不和我上床，我就不爱你了。”你猜她的反应会是愤怒：“哼！你敢威胁我？！”还是恐慌：“啊，又有人要离开我了～我一定要留住他，他说什么我都听他的……”

所以，我把有条件的爱称为“最恶劣的心理控制方法”，因为孩子最害怕的，就是失去父母的爱。如果你用不爱他、离开他威胁他，会对孩子造成严重的心理伤害。

当然，有些家长可能会有疑问：“难道孩子做错了事情，父母也要一样地爱他吗？那不是纵容他吗？你这叫溺爱，会害了他的！”

这样的家长混淆了爱和放纵。爱不等于放纵，教养更不等于收回你的爱。

就像我在第二章第六节里讲的引导式教养，回应和要求是两个独立的维度，你对孩子要提出更高的要求，但是和孩子的交流永远是用温暖、耐心的回应方式。

最健康的教养方式，是你无条件地爱着孩子的同时，也规范他的行为。孩子做错了，你应该帮助他纠正行为，但不要用不爱他了威胁他。

比如，像前面举过的例子，孩子坐在商场地上哭，怎么办？你就蹲下来跟孩子好好沟通呗，弄清楚他哭的原因。实在不行的话，一把抱起他回家就是了，为什么非要说出“把你送人”这样伤人的话呢？

或者有时候无所谓对错，只是孩子表现不好，比如比赛没打好，这个时候孩子尤其需要你的支持和帮助，你在这个时候却撤回你的爱，这不是加倍伤害孩子吗？这时候你更应该好好安慰孩子，和他一起分析哪儿没踢好，鼓励他下次踢好。

哪怕你觉得是孩子的错，比如考试没有发挥出他应有的实力，我们也应该先安抚他的情绪，比如说：“你现在感觉有些难过是吗？”然后尽快把话题转移到考试本身：“你觉得为什么没考好呢？”再根据他的回答，和他讨论如何解决这些问题。

健康的教养方式是把孩子具体行为的对错和对他这个人评判分开的。

行为归行为，做得好的帮助他强化，做得不好的帮助他提高；但对于他这个人，我们应永远给予无条件的爱。你对孩子的行为不满意时，就要聚焦在他的行为上，干嘛要去攻击伤害他这个人本身呢？

当然，我也理解很多家长朋友，有时候看见自己孩子的熊样，心头的无名火“腾”地一下就起来了，真的是气急败坏，不骂不足以平民愤，好像真的希望那不是他的孩子一样。但越是这种时候，我们越需要审视自己的内心：“为什么我会这么生气？为什么我连自己的亲生孩子都感觉不爱了？

——会不会是我的面子心理？我担心别人嘲笑我？

——会不会是我的虚荣心？孩子表现不好，我就觉得丢人，就把羞耻心和受挫感转变成了对孩子的愤怒？

——会不会是我自己有什么心理需求没有满足？也许我自己从小学习不好，所以就把学习好的希望寄托在孩子身上，孩子没有做到，我就把对自己的不满转移到他身上？

——或者是我自己内心的恐惧？我害怕社会的竞争太激烈，孩子只要没考到第一就等于失败，但这会不会是过度焦虑了呢？”

有条件的爱这种心理控制方法，在传统社会特别流行，因为那时候育儿的主要目的是养儿防老——你要是长大了不能给大家庭提供经济支持，我当然就不爱你。但是，在现代社会，我们绝大部分父母育儿的目的已经不再是经济投资，而是一种情感过程。我们把孩子生出来，是为了爱他们，而不是为了让他们实现我们的意愿。这个时候，我们就需要放下手中的心理控制武器，给他们无条件的爱。

这个方法说简单也简单，就是把孩子这个人和他的行为分开，规范孩子的行为，但无条件爱他这个人；但说难也很难，一方面，几千年传统教养方式的影响，让我们近乎本能地挥动离别钩，用爱胁迫孩子；另一方面，我们是否有勇气审视自己的内心，去除借孩子实现自己心理诉求的心魔。

这虽不容易，但也正是育儿的真谛——通过抚养孩子，让自己得到成长。就像我，以前是个理工男，有了孩子之后，才慢慢学会更好地爱身边的人，人也慢慢变得更快乐、充实。愤怒、恐惧、焦虑只会让你更虚弱，而爱，才能让你更强大。

第五节　动机分析：别以为我不知道，你就是……

儿子："妈妈，我不喜欢奥数班，我不想去了！"

妈妈："什么喜欢不喜欢？你不要以为我不知道，你不就是懒嘛！"

儿子："爸爸，明天你来看我的演出，好吗？"

爸爸："没事的，别害怕，我不去你也一定能演好的。"

妈妈："宝贝，今天你穿这条红裙子吧，你看多好看！"

女儿："可是……妈妈，我觉得那条蓝裙子更好看。"

妈妈："胡说，明明是这条红裙子好看嘛！你就是故意跟我作对是不是？！"

分析动机是人类的本能。在和别人打交道时，你总在有意识或者无意识地猜测对方的意图，这对我们的生存和繁衍有利。当然，我们一般不会直接说出来。男生向女生借书，女生不会直接说："你不就是想靠借书、还书增加和我接触的机会吗？你别痴心妄想了！"

但我们对孩子却往往会直接说出来。这一方面是因为孩子很弱小，就好像有些老板会在员工请病假时直接骂回去："你有什么病？我看你是懒病！"**孩子无法反抗，我们作为强者就无所顾忌。**

另一方面呢，有些家长会以为，指出孩子的"心理阴暗面"，是在帮助他改正。但在孩子看来，父母是在羞辱他。**虽然孩子年龄还小，但也需要自己的心理空间。**如果孩子觉得“爸妈能看穿我的一切”，那他怎么可能有安全感？他就好像生活在被24小时监控的监狱里一样了。

更糟糕的是，我们对孩子动机的猜测常常是错的。像前面举的例子，儿子请爸爸去看演出，可能只是想要爸爸的陪伴，让爸爸在他表演的时候在场见证，可爸爸却不假思索地认为孩子是害怕。更不用说另外两个例子，儿子都明明白白地说了不喜欢上奥数班，女儿都明明白白地说了喜欢另一条裙子，妈妈却否认孩子表达的感受，硬要给孩子按上她认为的动机。

这样做会产生三个后果：第一，它让孩子觉得“你不理解我，以后我的感受也不和你说了，你对我说的话我也不听了，反正都是你瞎猜的，你爱怎么说就怎么说吧，你开心就好”。

第二，对于那些年龄比较小的孩子，他们对于内心的感受还不能确认；或者那些青春期的孩子，他们对自己有很多怀疑，父母的“照妖镜”会让他们不由自主地觉得“哦，也许我内心的感觉是错的，妈妈才真的知道我内心隐秘的动机。

——“原来我要爸爸去看我的演出，不是因为我喜欢爸爸的陪伴，而是因为我害怕。”

——“原来我并不是不喜欢奥数，我就是懒。”

——“原来我不是喜欢另一条裙子，我就是想跟妈妈作对。”

我在本章第一节“否认感受”中已经讲过，这会让孩子困惑，让他们难以形成健康的自我。而且这会引起第三个后果，就是打击孩子的自尊和自我价值。他本来只是正常的喜好，你偏要说他懒、胆小、和妈妈作对，这会给孩子一个非常糟糕的心理暗示：“哦，我其实是个坏孩子！”他以后要么会有过多的内疚和自卑，要么就干脆破罐破摔，往坏孩子的路上走“反正无论我怎么表现，爸妈都是这么看我”。

对于孩子的动机，我们不能用讽刺、揭穿的口气来分析。哪怕我们不喜欢孩子的动机，也应该先接纳，然后再把他的注意力往正确的方向引导。

所以，虽然我们确实随时随地地在琢磨孩子在想什么，但你不能直接和孩子说“我认为你的动机是什么”。

你应该向孩子询问和确认，比如儿子要你去看演出，你可以简单地说：“哦，你想要爸爸明天来啊。”然后儿子可能会自己说：“对，因为有你在，我会更高兴。”或者他也可能会承认：“对，你要是去的话，我就胆大一点儿。”

当然，你可能会有疑问：“那要是孩子的动机就是不太好怎么办？比如像刚才孩子说，确实是因为害怕才需要爸爸陪伴，怎么办呢？”

没关系，接受就是了。孩子在演出前害怕是很正常的事情，没必要纠正。所以，第一步我们还是接纳：“哦，好啊，你要我去，那我一定去。”第二步呢，再来看看能不能帮他解决问题。“你是有些紧张吗？紧张什么呢？”孩子也许会告诉你：“我觉得我没练好，担心演砸了。”或者“一下子站在那么多陌生人面前，我有点儿害怕。”你就可以对症下药了。

如果当前需要解决的不是问题，而是你觉得孩子的动机不好，比如说，我儿子有一次回来说：“爸爸，快给我报奥数班！”我觉得奇怪，就问他：“咦？怎么忽然要学奥数了呢？”他说：“班上的某某同学去上了奥数班，拿了一些题目考同学，大家都不会，他可得意了！大家都说他厉害。我也要这么厉害！”

孩子想学数学，这本身是好事，但这个动机是虚荣心，我们不能鼓励。怎么办呢？你不需要直接打压，而是可以慢慢引导他把动机转移到对数学的兴趣上来。所以我说：“哦，你不用去上奥数班，奥数的题目网上就有，爸爸教你。”

我就从网上下载了一些奥数题给他做。他先做第一课，全对，特别高兴，跟我说：“爸爸，你看我厉害吧？”

我没有回答，而是指着其中一道比较难的题说：“这道题你是怎么做的？说说看。”

他把做题的过程说了一下，我说：“很好。这个思路啊，其实还可以做更难的题，你要不要试试？”

他说：“好啊。”

我就出了一道更难的题给他。他中间错了一个地方，我说：“你看，你的思路还是对的，只不过这里有个小疏忽，你再想想。”

他想了想，做出来了。我说：“好，闯关成功！要不要再闯一关？”

他说好。我又出了一道和刚才难度一样的题，他又做出来了。我一边和他击掌相庆，一边说："你看，数学好玩吧？"

他说："嗯，真的很好玩。"

我就是这样帮他把学数学的动机从虚荣心转到兴趣上来了。因为就像我在第二章第五节"知之者不如好之者，好之者不如乐之者"里说的，孩子的动机是很容易被引导的，所以，当孩子一开始动机不太好的时候，你不能严厉压制，那可能会引起他的反弹，你只要把他的注意力引到正确的方向去就行了。

总之，对于孩子的动机，我们不能用讽刺、揭穿的口气来分析。哪怕我们不喜欢孩子的动机，也应该首先接纳，然后或者帮他解决问题，或者把他的注意力往正确的方向引导。这样才能让孩子更好地觉察和接纳自己的内心动机，发展出一个健康的自我。

第六节　激发焦虑：再这样下去，一辈子扫大街！

"又没考好？你再这么下去，一辈子扫大街！"

"你一定要努力啊，我和你妈就你这么一个孩子，我们所有的希望就都在你一个人身上。"

（电视剧《虎妈猫爸》片段）

"你怎么每次都不能考第一啊，我告诉你，如果你下次再考不到第一，我就把你送到狼窝，让疯狼来教你。"

"妈妈和你说句话，我希望你可以记住一辈子：这个世界上除了家里人，没有人会纵容你，不会因为你可怜，不会因为你长得漂亮一点儿，就迁就你，这个世界很残酷。"

我在本书一开头就说了，焦虑是人类正常的一种情绪。当你担心一件坏事要发生时，你应该感到焦虑。问题是，我们经常过度焦虑，对于野猫，产生面对老虎时的焦虑，做出了老虎来袭时的反应，那其实反而对于自己的生活是不利的，不仅让你心情不好、健康变差，而且会做出蠢事来。

如果我们经常用前面那些话，用过高的目标、过大的压力或者夸张的危险激发孩子的焦虑情绪，孩子就容易变得过度焦虑（过度焦虑会导致失眠、疲劳、紧张、注意力不集中等问题）。你想让孩子在焦虑的驱使之下好好学习，但很可能最后是孩子太焦虑了，根本学不进去。

过度焦虑的孩子背后往往是过度焦虑的家长。像《虎妈猫爸》中的那个虎妈，从小就是被父亲用激发焦虑的方法抚养大的，所以她是真心相信世界很残酷、不得第一就等于失败，所以她会为孩子的所有事情焦虑，她必须要早日让孩子适应现实、准备战斗。

但是她说得有道理吗？难道她女儿这一生中，除了家人，就不会交到真心的朋友，有可以无话不说的闺蜜？难道所有的老师就只是为了赚她的学费，而对她一点儿感情都没有？难道她在工作单位遇到的所有人都只是冷冰冰的职业关系，而不会形成私下的好友关系？她经常这样说，激发女儿过多的焦虑，会使女儿将来不敢相信别人，不敢接受别人的善意。

家长以为这样可以激发孩子的斗志，其实激发的却是孩子的焦虑。

还有的家长对孩子的期望值过高，或者故意给孩子过多压力。“你一定要努力啊，我们全家的希望都在你一个人身上”。

事实上，我们不仅不能激发孩子的焦虑，当你发现孩子出现焦虑的迹象时，还要帮他应对。

注意，我说的是应对，而不是消除。因为就像前面说的，焦虑本身是正常的，如果孩子面临一件不确定的事情，比如第一次上幼儿园，或者一件他以前有不愉快经历的事，比如上学路上有条狗以前冲他吼过，那他应该感到焦虑。

这时候，你不要责怪孩子：“怎么这么胆小？”“来，乐观一点儿！”也不要为了让他不焦虑，就急着用虚假的希望安慰他：“放心吧，幼儿园里每个小朋友都会喜欢你的。”“没关系，今天那只狗说不定不在呢。”你首先还是要接受他的焦虑：“嗯，你有点儿担心吗？”“对，上次这条路上有条狗冲你吼，虽然没咬到你，但是也吓了你一跳。”

这是为了让他知道，他的焦虑是正常的，并不意味着他有问题，而只是他遇到了一个问题。如果你强行压制或者否定他的焦虑，就会让他又多了一层焦虑，就是为自己的焦虑感到羞耻和焦虑。而且，家长接受孩子的焦虑，对于孩子本身就是一种心理安慰，能减轻他的焦虑。**我们的任务，是帮助孩子应对焦虑，而不是消灭焦虑。**

你可以和他对话：“哦，你觉得明天去了幼儿园后会怎么样呢？”

他也许会说："我不认识别人，没有朋友。"你说："你可以认识新朋友啊，你交新朋友的能力是很强的。你看上次去奶奶家，你和邻居家的小明不是一下子就玩起来了嘛。"他说："但是这个幼儿园的小朋友可能都不喜欢我。"你说："我发现最近你新认识的朋友都挺喜欢你的，上个星期在公园里，你和小区里的小朋友就一下子成了朋友，说不定他们也在你们班上呢。还有上次我们去参加亲子阅读课，你和班上的小朋友不也很好嘛。"

这就是用事实减轻他的焦虑。因为孩子的情绪和感觉经常是莫名其妙的，他们也不知道自己为什么就害怕起来了，甚至有时候他们以为自己害怕一样东西，但其实那不是真正的原因。所以，我们做父母的就需要和他们耐心地对话，帮他们找到焦虑的原因，然后让他看到，自己其实是过度焦虑了。

这些方法也照样适用于你自己。**如果你焦虑了，也不要因为焦虑而焦虑。**没关系，焦虑是正常的，可以试着用事实和逻辑来验证一下这个焦虑。

比如说，孩子要上幼儿园了，你焦虑他在班上会不会遇到熊孩子，那你就可以问自己："我为什么这么担忧呢？嗯，我是担心他遇到熊孩子被欺负，他被欺负多了就成了逆来顺受的性格，他逆来顺受以后就会在社会上被人踩，这样一辈子就完了。"

但其实这里面的逻辑链，你仔细推敲一下都不一定成立：班上有熊孩子他就一定会被欺负吗？班上还有老师呢，而且还有同学可以帮助他。就算是经常被欺负，他就一定会逆来顺受吗？为什么就不会是他从中学会了对抗、学会了坚持、学会了化敌为友呢？

所以，总结一下，怎样避免孩子过度焦虑呢？有一正一反两种方法。

反面是不要激发焦虑，不能给孩子设定过高的期望、过大的压力或者夸大危险。正面是分两步走：第一步，接纳孩子的焦虑；第二步，用事实分析减轻孩子的焦虑。

父母不焦虑，孩子的心理才会健康。

在这里，最重要的还是家长自己要调整心态，不要太焦虑。而且，不仅是激发焦虑，本章所讲的所有心理控制方法，一方面固然是因为父母不了解这些武器对孩子心理的伤害，但更重要的是，很多父母太着急、太担心、太希望把孩子往自己希望的方向培养了。所以我们会对孩子的身体呵护备至，但对他们的心理却经常挥起各种武器，打得遍“心”鳞伤。

那怎样才能成为一个不焦虑的家长呢？关键在于要想明白你和孩子的关系。

孩子不是帮助我们弥补人生缺憾或者进行又一轮攀比的工具，也不是需要我们时刻警惕、稍加放松就会堕落的暗黑小邪神。**相反，孩子天生就有成为自己、实现自我的内在动力。控制孩子的心理，既没必要，也不可能真正成功，而副作用却往往会大得惊人。**归根到底，你不是孩子的木匠，而是孩子的园丁。规范孩子的行为，但鼓励他的心理自主发展，才是最健康的教养方式。

第七节　批评出乐观：你有能力改正不足

除了心理控制之外，不正确的表扬和批评方法，也容易让孩子产生内摄动机。第五章第三节“成长型思维”会讲正确的表扬方法，这一节我们先讲一讲批评方法。

育儿中的一大烦恼，就是孩子老犯错误。这时候家长就为难了，不批评呢，孩子不知道自己哪儿错了，以后还会再犯；批评呢，又怕孩子受伤害，觉得自己不行，自暴自弃。

这些家长其实有一个认识误区，就是以为批评一定是对孩子的打击，会让孩子没自信。积极心理学有个方法，叫“批评出乐观”**——如果批评得好，反而可以让孩子变得更乐观。**

这个方法的关键在于找到一个人乐观的根本原因。我们先定义一下什么是乐观。不是说，我坚定地相信未来一定会更好，就是乐观，相反，这样的人很容易在现实面前碰得头破血流，遇到挫折就蒙了。真正乐观的人是在遇到挫折后，能正确地分析挫折发生的原因，发现其中哪些是自己能改变的，然后致力于改变它，努力把下一次做得更好。**这才是真正的乐观：因为心态的改变带来行动的改变。**

> 不要把错误无限放大，说孩子总在犯错、在哪儿都犯错、你这个人就是错的，而应该把它看成是暂时的、特定场景的，和不涉及人格问题的一次错误。

同样，孩子犯错误，其实就是在经历一次挫折。这个时候，你要引导他，让他知道遭受挫折的原因。这是我的老师，也是积极心理学运动的发起人马丁·塞利格曼教授提出的习得性乐观方法：

这样孩子才会懂得把这一次挫折和其他事情区别看待，只要把这一次错误修正了，以后就会更好，从而变得更乐观。

比如，前几天我儿子洗澡，洗了半天还不出来。我进去一看，好嘛，原来他是在里面玩游戏，把卫生纸撕碎了扔在地上，又把洗发水、沐浴露倒在洗脸池里面，下水口都堵了，地上全是水。

我以前和他说过，洗澡玩水可以，但不能玩卫生纸、洗发水这些东西。当时我那个生气啊，脱口就想训他：**“你怎么这么不懂事？爸爸说的话从来不记得，就知道浪费东西！”**

幸好，话到嘴边我就意识到了，不能这样批评，因为这样等于把他

这一次的错误扩大化了。我说他“爸爸说过的话从来不记得”，就在暗示他总犯错误，今天记不得爸爸说的不要玩卫生纸，昨天记不得爸爸说的回家要先洗手，明天可能就记不得爸爸说的对人要有礼貌。所以你今天犯了错误还不算，你以后还会不断地犯错误。

我说他“就知道浪费东西”，就意味着，你不仅仅是浪费卫生纸和洗发水，你吃饭还浪费食物，你做作业还浪费纸和笔，当然你还会抓紧一切机会浪费钱，总之，这个错误你不仅仅是在洗澡这个场景犯，你在其他场景也会犯。

最糟糕的是那句“你怎么这么不懂事”，这是直接指责孩子的个人品质。因为品质是贴在孩子身上的标签，他会认为：“哦，我就是个坏孩子，就是不懂事，所以才会犯这些错误，以后还会犯更多更大的错误。”

这些都是在把孩子的一次错误扩大了，暗示他会一直犯错误，会在不同的场景犯错误，因为他就是这么一个坏孩子。经常被这么说的孩子，怎么可能乐观呢？

所以我当时立刻把到了嘴边的话咽了回去，换了一个方法批评他：“你今天怎么把卫生间玩成这样？**你以前洗澡都挺好的啊。**你这样浪费东西是不对的，你自己昨天还说老师叫你们吃饭别浪费呢。”

这种批评方法，指出了他哪里错了，但是把他的错误限制在了这一次、这一个场景，因为我提醒了他“你以前洗澡都挺好的”，所以“你只是偶尔犯了这个错误，你自己也知道浪费不对，所以以后不要在其他场景犯这个错误”。我没有指责他个人品质有什么问题，这样就避免了他对自己有负面的看法。

儿子自己也知道不对，没做声。这个时候，我就要采取批评出乐观的第二步了，就是采取行动。我说：“来吧，我们一起来把卫生间收拾

一下。”

儿子立刻说：“好！”高兴地和我一起清理下水口、收拾卫生纸。这就是给他传递一个信息，犯了错误不可怕，关键是要采取行动，改正错误。知道自己在挫折来临时有弥补的能力，孩子才能真正地保持乐观。

这个原则不仅仅是在孩子犯错误的时候有用，在他遇到其他挫折时也一样可以用。比如，孩子体育课跳绳不及格，回来很难过地说：**“唉，我体育就是不行，这次跳绳又不及格！”**

你看，他给自己找了个持续的、大范围场景的个人原因。你要怎么安慰他呢？就是帮他找到暂时的、特定场景的非个人原因。你可以说：**“你其他项目不都及格了嘛，**你立定跳远还是全班第三呢！**我觉得可能就是跳绳练得不够，**我看你们班其他同学好像练得挺多的。”

这就是举出事实，帮他发现，这个挫折并没有那么可怕，那么不可避免。所以接下来，你就赶紧和他一起采取行动，制订跳绳练习计划并且执行，这样下一次他就会跳得更好。如果不这样引导，他就会认为自己反正体育不好，干脆放弃，而不是努力去改变了。

所以，很多家长以为，培养孩子的乐观就是不要打击他，尽量保护他不犯错误，看见可能的挫折就绕着走，那其实是很危险的。因为孩子将来不可避免地总会遇到一些挫折，那个时候他可能就会一下子心理崩塌了“啊，原来这个世界这么残酷，我做什么都不行，还是放弃吧”，一个浪头就把他打倒了。

真正的乐观不是避免让孩子遭受挫折，而是让孩子明白“挫折来临的时候，我有能力改变它”。

而这个乐观的信念也不是靠父母灌输“你真棒”“你一定行”，而是靠我们培养孩子的客观分析能力。因为孩子都比较情绪化，顺利的时候觉得自己是世界上最厉害的，遇到挫折就又给自己贴一个“什么都不行”的标签，一直不行，在所有方面都不行。

最后总结一下：孩子犯了错误该怎么批评呢？首先，不要给他贴标签，不要把孩子的一次错误无限放大。其次，帮他纠正认识上的偏差，得出全面的结论。如果他觉得自己体育不行，你就帮他找到他体育行的例子；或者他正害怕、等着大人批评的时候，你告诉他“其实你平时不是这样的，其他方面你都做得很好”，这样他才能看到变好的希望。最后，一定要采取行动，让孩子体验到“我不是无能为力的，我可以靠自己的行为来改变困境、变得更好”。

这样的乐观是来自于事实分析和孩子的体验，这才是真正的乐观。所以，孩子犯了错误不可怕，哪有不犯错误的孩子呢？这个时候，你应该意识到“好啊，培养他乐观心态的好机会来了”。如果他养成了习惯，挫折来临时不慌张，而是能正面、反面的事实都看到，采取行动战胜挫折，那就是他一生幸福和成功的最坚实的基石了。

只要掌握了这三点，你还可以创造出更多批评孩子的聪明方法。而且，你自己通过这些训练，养成从批评中培养乐观、从烦恼中寻找机会的习惯，也会变得更乐观呢。因为养育的过程，其实也是和孩子一起成长的过程。

第四章

拔除杂草：减少孩子的外部动机

外部动机是指做事是为了获得外在的奖赏或避免外在的惩罚。外部动机太强的人，不可能有真正的自我。好在现在很多父母对于外部动机的危害已经有了一定的认识，所以本章相对简短，只谈两个问题：金钱和惩罚。

第一节　穷养儿子富养女？

我有一个儿子和一个女儿，在得意儿女双全的同时，也经常会有人问我：“对于儿子和女儿，要不要采取不同的教养方式呢？”

中国人有句古话“穷养儿子富养女”，意思是说男孩子小时候多受些苦，长大了才能有奋斗精神；女孩子从小物质富足、见过世面，长大了就不会因为物质欲望上当受骗。这句话到底有没有道理呢？很多只有一个孩子的家庭也会疑惑：“我家是男孩，就要穷养吗？”或者“我家是女孩，就得富养吗？”

这种说法在过去是有道理的，因为那时候男主外、女主内，父母对男孩子最大的期望就是继承家业、发扬光大，不要把家业败坏了；对女孩子最大的期望就是嫁个好男人，不要被浮华和虚荣所迷惑。

但你要是在现代社会还这么想就太荒谬了！难道女孩子就不应该有奋斗精神，只需要擦亮眼睛嫁个如意郎君吗？男孩子就可以拥抱浮华和虚荣，一味追求世俗意义的成功吗？

当然不是。**男孩和女孩一样都应该有奋斗精神，但不是仅仅为了物质奋斗，而是为了内心的理想、人生的意义奋斗。**男孩和女孩当然有很多生理和心理上的不同，因此在抚养时也要注意用不同的策略，但是在价值观的培养上，基本原则应该是一样的。

科学研究发现，价值观有两种，**一种叫成长型价值观**，你越鼓励它就越茁壮成长，你越打压它就越枯萎。比如创造力，如果孩子喜欢画画，他随便画个什么你都鼓励赞美，在家里腾出一面墙让他随便涂抹，还为他请老师教他，那他就会越来越喜欢画画，创造就成为他重要的价值观。

反过来，如果你觉得现代社会做好人没好报，你不想培养孩子善良的价值观，那也很简单，就是每次他想要帮助别人时你赶紧拦住，告诉他助人是会吃亏的，要是哪次他竟然偷偷地帮助了别人，就惩罚他一顿，那他就会成长为一个不善良的人。

大部分价值观都属于成长型价值观，但是还有一类价值观，**叫匮乏型价值观**——你越打压，孩子越渴望，而你充分满足孩子在这方面的需求后，他反而就不太在乎了。

安全感就是一种匮乏型价值观。

包括情感上的安全感和现实中的安全感，现实中的安全感又可以分为环境上的安全感和物质上的安全感。如果一个孩子从小在动荡的环境里长大，比如战争，或者一个高犯罪率的社区，他就会更渴望安全感，觉得平静的生活比什么都重要。反过来，如果孩子从小在安静祥和的环境里长大，那他就不会觉得安全感是个多了不起的东西，反而可能会去尝试一些冒险和刺激的活动。

物质上的安全感也是如此。如果一个孩子不幸生在物质匮乏的时代，从小吃不饱、穿不暖，那么他就会非常在乎物质，长大后也会喜欢囤积物品，条件宽松了首先想的就是怎么享受吃穿。

这样的极端情况在现代社会已经不多了，但是如果因为信奉男孩要穷养而故意给孩子创造一个物质相对匮乏的环境——倒不是说让他吃不饱饭、穿不上衣，而是给他的物质条件与环境不匹配，比如周围其他小朋友都穿新衣服，你非给自己的孩子穿旧衣服；其他小朋友都有零花钱，你偏偏一分钱零花钱也不给自己的孩子——**你以为这样做是在磨炼孩子的意志、激发他艰苦奋斗的精神，其实是在剥夺孩子物质上的安全感。**

在物质上缺乏安全感的孩子，常常通过积累尽可能多的物质缓解内心的不安。但要么不敢享受这些物质，因为只有囤在那里他才有安全感；要么干脆大肆挥霍，总之就是不能建立起人和物质的健康关系。

物质上的安全感有一条绝对的线，就是生理上的温饱；也有一条相对的线，即你和其他人相比怎么样。我其实可以算是一个比较朴素的人，但这并不是父母小时候故意穷养出来的，而是我们小时候大家都是能保证基本的温饱，可再多的享受也没有了，比如大家都是穿旧衣服，都没有零花钱，所以长大后我也习惯了不追求时髦、不乱花钱，但也不需要囤很多钱，因为我也没觉得自己比别人更穷。

如果你故意穷养孩子，你会发现老祖宗还是很有智慧的，穷养的孩子确实更勤奋、更努力，但他追求的往往是外在的物质生活的改变。这是我们希望孩子拥

有的人生吗？过去人们激励孩子头悬梁、锥刺骨，是需要孩子考取功名光宗耀祖。即使无法功成名就，至少也需要孩子给父母养老。但我们现在基本上已经不需要孩子养老了，我们希望他们过上幸福、充实、有意义的生活。这时候你再故意穷养孩子，就等于把他推上为物质焦虑的人生歧途。

穷养不好，我们就该富养吗？给孩子物质上充分的安全感，他们就不会把物质当回事了吧？也不是。因为我们前面说了，除了安全感之外的价值观，都是你越鼓励，孩子就会越看重。物质主义、拜金主义、享乐主义，也是价值观。如果你从小就纵容孩子享受，他要什么就给他什么，那他就又陷入享乐主义的陷阱了。

穷养不对，富养也不对，我们到底该怎么养呢？

答案其实很简单，就是正常养——既不故意剥夺孩子的物质环境，也不纵容他的物质享受。具体来说，就是他有物质要求的时候，比如，他要买一个变形金刚玩具，你想一想，如果不买，会不会伤害他的安全感？如果他们全班所有男生都有这个变形金刚玩具，那就说明这是他的正常需求，你就应该给他买，不然他会觉得自己低人一等，在小伙伴当中感觉不自在；但是如果他已经有好几个变形金刚了，这一个也没有什么特别的，那就说明这是他的过度欲望，就不需要再给他买。

无论男孩还是女孩，在价值观培养上我们应该一视同仁，既不穷养也不富养，而是根据实际情况正常地养。

同样的，如果孩子要求去吃肯德基，如果他已经很久没有吃了，而且经常提出来，你就可以满足他一次，以免他觉得父母不理解他，在情感上感到不安全，但如果上个星期刚刚吃过，你就可以拒绝他（但要和他讲清楚为什么不去）。

所以，总结一下：无论男孩还是女孩，在培养价值观上我们应该一视同仁，既不穷养也不富养，而是根据实际情况正常地养。在可能伤害到孩子安全感的需求上，我们要尽可能地满足他，但如果他是在安全线之上的欲望，就应该限制他，这样才能培养出来一个在物质上有健康价值观的孩子，他不会成为物质的奴隶，而是让物质服务于自己的精彩人生。

第二节　压岁钱能让孩子自己花吗？

每次逢年过节，亲朋好友给孩子红包，我们一方面很高兴，但另一方面也有了新难题：要不要这些红包？要多少？拿到红包后是真的给孩子自己随便花，还是替他你保管起来？

这些难题，其实也是育儿机会。借这些机会，培养孩子正确的金钱观。以上三点还可以用于平时你给孩子买生日礼物、给孩子奖赏时，一样可以帮助孩子正确

> 第一，压岁钱要少；第二，让孩子自己花；第三，他要承担花钱的后果。

地看待金钱。

第一，孩子收到的压岁钱总数不能太多。这个大家都好理解，因为压岁钱太多，孩子拿了可能会乱花。可是实际执行起来会遇到问题：人家给了红包，你要是拒绝或者嫌多，人家会觉得你不给面子啊！

我的办法，你听起来可能会感到有点儿奇怪。我是和亲朋好友说："给小孩子的钱不能太多，因为那会害得他专注力下降的。"

这倒不是我为了不让孩子拿钱而编出来的借口。大家想一想，你什么时候最容易丢三落四，是不是东西比较多的时候？你什么时候最容易粗心、忘记重要的事情，是不是手头要处理的事情太多、千头万绪抓不过来的时候？

孩子就更是这样了，他们的注意力和记忆力比大人要差得多。经常有家长向我抱怨："我家小孩忘性特别大，如果他自己收拾书包，三天两头忘东西。"我到他家一看，好嘛，孩子的房间里堆满了各种玩具，桌上放了好多书，打开衣橱一看，孩子的衣服也特别多。我看了都头晕，让孩子自己收拾，当然会捡了芝麻、丢了西瓜了。

有些家长为了提高孩子的注意力，给孩子一大堆东西，让他每样都记住。其实这样只会让他一会儿忘了这个、一会儿搞砸了那个。你会说他粗心，他也觉得自己粗心，以后就更加注意力涣散了。

你应该先给他布置简单的任务，使他的物品尽量少，他同时要做的事情尽量少，这样他才能每一件事情都做好，使他觉得“嗯，我是一个细心的、每件事情都能照顾得很好的人”，然后随着他慢慢长大，东西和事情也自然地越来越多，他也就能一直细心地做好每件事了。

所以，压岁钱也不能太多，以防孩子买太多的东西。我的原则是，朋友的压岁钱都不收，亲戚的要收，因为这也是我们中国的传统，不收太没有人情味了，但是限制在50块钱以下。这样他每年拿到的压岁钱也就是两三百块钱的样子，没法买很多东西。当然，现在大家的经济比较宽松，经常一出手就超过这个数目，我就给亲戚苦口婆心地解释这个道理：“你看，要是孩子手上的钱太多了，买回来一堆东西，会使他注意力分散，而且容易养成丢三落四的坏习惯哦。”一般来说，这么一说，亲戚也就接受了。

第二，给孩子最大的自主权，决定压岁钱如何花。除非是少儿不宜的东西，不然都随便他花。无论是薯片这些垃圾食物，还是泡泡枪这些你觉得低智商的玩具，或者到了游乐园，套圈这种你一看就知道是骗人的游戏，如果孩子想要花

自己的钱去玩、去买，那你只能同意他去，因为那是他的钱啊。

正确的金钱观不能只靠家长的灌输，你要让孩子自己去决策、去体会。“哦，买这类东西不好，下回不买了。”“嗯，这种街头小摊好像都有点儿骗人，下回不玩了。”这样他就能慢慢地从生活中学到经验，这比你告诉他“不要买这个”“要买那个”更能培养他正确的金钱观。

当然，由于压岁钱来得一点儿不费力气，所以孩子花起来一般是很随意的。这也没关系，因为孩子还小，他们对钱的重要性和稀缺性还没有概念。但是同时也就有了**第三点：要让孩子承担花钱的后果。**

首先，提前告诉他：“钱是很重要、很严肃的一样东西，爷爷奶奶、叔叔阿姨也是辛苦挣来的钱，因为喜欢你才给你压岁钱，你可不能浪费。”所以，如果是买零食，就必须都吃掉，不许浪费；如果买玩具，就必须经常玩，把它弄懂。

比如，我的孩子去年过年时拿压岁钱买了一个两阶魔方，我就对他说：“你买魔方可以，但一定要把它搞明白。”买回去之后，我经常监督他玩，一直到他玩明白为止。

这个方法在买大东西的时候尤其有用，比如生日礼物。我儿子去年生日时要求买一个显微镜，我说：“好，但是你要说说打算怎么用。”他说：“我拿它看蚂蚁、看树叶、看人的手、看书里的纸。”我让他把这些要看的计划都写了下来，给他买了显微

> 正确的金钱观不能只靠家长的灌输，要让孩子自己去决策、去体会。

镜之后，再监督他一个一个地看。当然，其中有些东西后来发现看不了，但在这个过程中他对显微镜更感兴趣了，经常从外面带回来蜻蜓的翅膀，或从蔬菜上撕下一片叶子用显微镜看。

让孩子承担花钱的后果的另一条，就是压岁钱花完了就完了，不能再增加。我儿子拿到压岁钱，在正月里花得很开心，到二月里没钱了。

一开始有点儿不适应，甚至还和我说过："能不能先把明年的压岁钱拿一部分来用，到明年再还给你？"说实话，这还真是个训练他金融思维的好机会。但我想了想，还是培养他负责任更重要，就果断地拒绝了。这样他才能知道，钱不能随便乱花，以后才会更谨慎地花钱。

当然，你也可以玩些小心机。我在孩子拿到压岁钱后，尽量不让他在街上乱逛，以免他把钱慢慢消磨在垃圾食物，以及一堆低质量的小玩具上，而是会带他逛一些比较高档的益智玩具店，这样他会忍不住买一两个虽然贵但是精致的玩具，很快就把钱花得差不多了。

总之，压岁钱本身不是一个问题，如果你能控制压岁钱的数目，让孩子自己决定如何花，同时让他承担花钱的后果，那压岁钱就能变成培养孩子金钱观的一个好机会。

第三节 怎样让孩子爱上做家务？

大家都知道让孩子做家务的重要性，但是做起来可真是让人头疼，因为孩子实在是不喜欢做家务。这也不奇怪，我们大人大部分情况不是也讨厌做家务嘛。所以，实际操作的时候，大家只好什么方法都使，比如用好吃的引诱，用钱奖励；或者把做家务作为义务，不做就惩罚——这样做就是在用外部动机驱动孩子。

按照自我决定理论，用物质奖励或者惩罚，不如用表扬或批评："真乖，都会做家务了，真是个好孩子！""你一点儿家务都不做，太懒了！"但是使用表扬或批评的内摄动机，又不如帮他树立价值观的整合动机："妈妈今天做了饭，挺累的，你能去洗一下碗，让妈妈休息一下吗？""做家务能锻炼你的动手能力，来，你又可以长本领了！"**最好的方法，当然还是激发孩子的内在动机，让他喜欢上做家务。**

这可能吗？我举一个例子。

我在宾夕法尼亚大学念心理学研究生时的老师马丁·塞利格曼教授，他的儿子特别喜欢洗碗。为什么呢？作为积极心理学运动的发起人，塞利格曼的理念是：孩子不喜欢做家务，不是因为他们懒或者不体贴父母，而是因为我们没有激发他们的兴趣。

怎样孩子他们的兴趣呢？有一个有效方法就是让他们发挥自己的优势。塞利格曼观察发现，儿子在领导力方面有优势。虽然上面还有两个姐姐，但儿子特别喜欢领导他人，也擅长领导。于是他把三个孩子组成一个洗碗小组，由儿子做组长，这下就把儿子的兴趣完全激发出来了：

他每天吃饭的时候都催大家快吃，因为吃完他们就可以洗碗了。

这在心理学上又叫“赋能”，就是让孩子觉得自己是这件事的掌控者，于是他就会更加积极主动地投入到这件事当中去，也会更喜欢这件事。

所以，我也仿效老师的做法，在儿子5岁的时候就开始让他洗碗了。我先试探了一下：“儿子，今天你洗碗吧。”

他立刻抗议了：“不行！我又不会洗碗。”

我说：“哦，对，你还不会洗碗，爸爸妈妈会洗碗。但是，总是由一个人洗碗也不公平。这样吧，今天我们成立洗碗大队，你当大队长，指挥爸爸洗碗怎么样？”

他这下来劲儿了，说：“好！那我就派你——爸爸，去洗碗！”

我说：“好，除了洗碗，还有收拾碗筷、擦桌子、把碗搬到水池旁边去，然后碗洗干净之后，收拾到碗橱里面去，这些活谁干呢？”

儿子想了想，说：“我可以把碗搬到水池边上去，再放到碗橱里去，其他事情由妈妈干。”

我和太太一起说：“遵命！”

大家就按照儿子的安排去干活了，而他果然也完成了自己的那部分活儿，不但毫无怨言，甚至还可以说是兴致勃勃。因为这不再是大人强迫他做的事，而是他自己选择的事。

这就是赋能的魔法，不仅能让孩子干家务，还能锻炼他的领导力。

当然，在这个过程中，你也需要支持他，比如帮他把任务分解到个人，然后尽力完成自己的任务，这样就让他觉得第一，领导也不难；第二，自己领导有方，以后才更喜欢领导大家做这件事。

你越给他自主权，他就越喜欢做。

这个方法不仅在做家务时管用，在你希望孩子做其他事情时也一样，你越给他

自主权，他就越喜欢做。比如，我儿子今年上小学之后，我们就规定，每天他做完作业、收拾完书包，而且洗漱完毕之后，到上床睡觉之前这段时间是他的“大王时间”，也就是他在这段时间里是家里的大王，不但自己可以随心所欲地玩，而且可以规定爸爸妈妈做什么。当然，前提是不损害任何人。

由于他能够体验到领导他人和自由自在玩的乐趣，他特别喜欢这个“大王时间”。我们也就再也不用每天又是催逼、又是利诱他做作业、洗漱，而是他自己看着钟，赶紧把事情做完，然后赶紧进入到他的“大王时间”。他每天在自己的“大王时间”里带领我们拼乐高、画画，当然有时候也就是自己一个人看动画片或者读书，无论做什么都做得不亦乐乎。

随着孩子年龄的增长，你还可以让他们管理更复杂的任务，做一些更难的抉择。比如我们家出去玩的时候，策划部分就尽量让孩子参与，现在就可以让他来领导了。在限制范围内，比如只能带一种零食，你带哪一种？只能带两个玩具，你带哪两个？一共有三个包要背，还有小妹妹要照顾，人手怎么安排？今天的预算一共是这么多钱，买票、吃饭、交通，怎么安排？

这些取舍和决断，都是在锻炼他的掌控能力。他的掌控能力越强，你能交给他自主管理的事情就越多；而他在面对这些复杂的事情时，也会慢慢地越来越喜欢，而不是畏惧或者排斥，非要你用物质奖励引诱他去做。这样一来，你就可以帮助孩子把他的做事动机由受控向自主的方向转变了。

第四节　孩子犯了错，该怎样惩罚？

育儿中的一大烦恼，就是孩子犯错到底该不该惩罚他呢？比如说孩子挑食，你夹了一筷子青菜放到他碗里，他直接挑出来扔在地上了；或者孩子和你下棋，输了就大发脾气，把棋盘掀到地上还动手打你。这要是成年人犯的错误，你肯定不会轻易放过他。可孩子这是不懂事啊，我们好像不应该惩罚他吧？可是如果不惩罚，他又怎么能学好呢？可真是左右为难。

国外有一种叫Timeout（意思是“暂停”）的惩罚方法，就是孩子犯了错误之后，既不打也不骂，而是把他局限到某一个与大家隔绝的空间，比如一个小房间，或者房间的角落，或者就是一把椅子上，这个地方没有玩具，大家也都不和他说话，时间是孩子几岁就隔绝几分钟。这种惩罚方法比较温和，所以现在也开始慢慢地在国内流行起来。它是一

个惩罚孩子的好选择吗？

我的回答很直接，它不是一个好选择。其实我的观点还要再进一步，就是**不管是体罚、Timeout，还是其他什么惩罚方法，都不应该使用**。一句话，就不应该惩罚孩子。

当然，我也想让孩子学好，也想让孩子有正确的为人处世之道，但这不一定只有通过惩罚才能做到。**我的方法很简单，就是批评和让孩子承担自己行为的自然后果。**

关于批评的方法，我在第三章第七节里讲过了。那么行为的自然后果是什么呢？像刚才举的例子，你夹了一筷子青菜放到他碗里，他直接挑出来扔地上了，那自然后果就是他得把这个青菜捡起来放到垃圾桶里去，把地面擦干净，并且向做饭的妈妈道歉。

输了棋就掀棋盘、打人，那自然后果就是他得把棋盘、棋子重新收拾好，而且你也可以打他一下。当然不用那么使劲，但是得让他明白你不是在和他玩，你是在回应他打人的行为。

大家也不要害怕，这么打一下并不是体罚。体罚是什么呢？是他把青菜挑出去扔在地上，你给他一耳光，因为这个时候他犯的错误和他承受的后果毫无关系，你纯粹是用他身体上的痛苦来惩罚他，这是体罚。

但如果他先打人了，那你打回去，是他的错误所引起的自然后果，因为儿童很小就理解一报还一报，你对其他小朋友好，他也对你好；你打了其他小朋友一下，他也会打回来，所以他能把自己被打这件事和刚才自己打人的错误很自然地联系起来。

反过来，现在家长用的大部分惩罚都和孩子犯的错误没关系。他动手打人，你把他关到Timeout房间惩罚他；他把自己锁在房间里发脾气，你没收了他所有的压岁钱惩罚他；他把压岁钱全买了垃圾零食，你动手打他惩罚他……你觉得逻辑很清晰啊：你刚刚犯了这个错误，所以我给你点儿颜色瞧瞧，但这时候孩子心里与其说是后悔，还不如说是莫名其妙："爸爸妈妈这是怎么了，为什么忽然变得这么冷酷、可恶呢？"

因为孩子的逻辑思维能力本来就不强，在被惩罚的时候更是又害怕又愤怒，不可能进行理性思考，所以惩罚只能让他们暂时听话，却很难让他们真正明白道理；更不用说惩罚会给他们带来的心理阴影，以及伤害他们和父母之间的感情了。

Timeout虽然是一种比较温和的惩罚，但它仍然是惩罚。孩子最害怕的就是失去爸妈的爱，他被隔离的时候，不仅是爸妈不理他了，家里其他人也都不理他了，他感觉被全世界抛弃了一样，心理打击是非常大的。这和体罚在本质上其实没有多大区别。

> 惩罚会让孩子躲避错误行为，而承担自然后果能让孩子明白他的行为为什么是错的，他要负什么责任。这也是对孩子责任心的一种培养。

我建议的让孩子承担自然后果，不会让孩子觉得父母在惩罚他，因此就不会愤怒或者害怕，更有可能进行理性的思考。而且自然后果和他犯的错误是密切相关的，他的大脑就更可能把这两件事联系起来，下次再要犯这个错误的时候，他就会本能地想起可能会有的后果。

不仅如此，让孩子自己承担自然后果，也能让他们对自己更乐观、更有信心，因为他们体验到，犯了错误也不可怕，自己把烂摊子收拾了就好了。

如果你经常惩罚孩子，那他长大之后犯了错误的第一反应是害怕，是感觉大祸临头，只能战战兢兢地等待惩罚来临。而如果你从小让他承担自然后果，他长大之后犯了错误的反应，就是思考一下自己到底该负什么责任，怎么才能把自己捅的篓子给补上。

可能有的家长觉得，这个方法不行吧，只是让孩子承担自然后果，这也太轻了吧，他真能学好吗？把青菜扔地上，只要把青菜捡起来、道个歉就完了？那他以后还是不吃青菜啊？掀棋盘、打人，只要把棋盘重新收拾了、你也打他一下就行了？那他怎么学会接受输棋这个道理呢？

这里的关键就在于，我们要认识到孩子的哪些行为是必须当场纠正的错误，哪些行为是需要慢慢解决的问题。把青菜扔在地上是错误，但不喜欢吃青菜就只是个问题；掀棋盘、打人是错误，但不能接受输棋就只是个问题。

你也许可以逼孩子把青菜吃下去，但你不可能靠惩罚让他喜欢吃青菜；你可以管住孩子输棋后不发脾气，但你不可能靠惩罚让孩子接受输棋，因为惩罚带来的是负面情绪，只能让孩子更讨厌青菜、更害怕输棋。

说到底，像不喜欢吃青菜、不能接受输棋这些问题，本来就没有严重或者紧迫的自然后果可承担，所以我们也大可以放宽心，慢慢解决，而绝对不应该针对这些问题进行惩罚。

同样的，在孩子无心犯错的时候，也是让他承担自然后果。比如孩子不小心打碎了一个碗，我们也要让他打扫干净；孩子玩得浑身是泥回来，他并不知道这样会给你带来麻烦，所以你也不用大发脾气，而是可以平静地告诉他，自己去把衣服上的泥冲掉，再把衣服扔到洗衣机里，这些都是通过生活点滴教给他负责任的道理。

还有些错误似乎没有自然后果，比如你叫孩子去洗澡、刷牙，说了几遍他也没动；或者他玩手机玩得正开心，你把手机夺过来，他就又哭又闹，你该怎么办？

其实很简单，不是没有自然后果吗？那就直奔主题。叫他去洗澡、刷牙说了三遍也不听，难道你还要他承担责任为此把澡洗三遍、把牙刷三遍吗？还不是直接起身拉他去洗澡、刷牙就完了；没收了手机他就哭闹，难道你还要他承担责任为哭闹道歉？孩子表达不满的方式本来就是哭闹嘛，你坚持不把手机还给他就行了。

没有自然后果的事情，你也不要画蛇添足，又找出些自然后果来让孩子承担，直接规范他的行为就行了。

总之，我认为，对孩子的错误不应该使用惩罚的方法，哪怕是像Timeout那样看上去很温和的惩罚，而应该让孩子承担自然后果。这样能很容易地就把孩子的错误和问题区分开，有多少自然后果就让孩子承担多少，既能避免惩罚带来的亲子冲突和心理阴影，还能让孩子发展出责任心。**因为惩罚和物质奖励一样，激发的是孩子的外部动机；而责任心，激发的则是孩子的整合动机。**

第五章

肥沃的土壤：满足孩子的基本心理需求

自我决定理论认为，人有三大基本心理需求：自主、胜任和关系。第四章第三节“怎样让孩子爱上做家务”已经谈了怎样让孩子有掌控感，让他们尽可能自主做事。本章第一节还会再谈谈你必须让孩子做事的时候，怎样也能让他们有自主感；第二节从父母普遍比较关心的兴趣班话题入手，与第三节一起，讲一讲如何让孩子在一件事情上收获更多的胜任感和内在兴趣，是从自主向胜任感过渡；第四节、第五节、第六节则集中讲你与孩子的连接，如何让孩子感受到你的爱和支持。

第一节　规范孩子的时候，怎样让他有自主感?

我们在育儿时最烦恼的事情之一，就是有时候必须让孩子做他不喜欢的事，不能惩罚，不能用巧克力、冰激凌和他交换（因为那样会伤害他的自主感），但和他讲道理，他又不听，该怎么办呢?

我儿子三四岁的时候已经可以自己刷牙了，但他并不喜欢刷牙，怎样让他心甘情愿地刷牙呢？我借用了心理学的四步曲方法：第一，接纳他的情绪；第二，向他解释为什么必须做这件事；第三，提供人际支持；第四，提供有限的选择。

第一，接纳他的情绪；第二，向他解释为什么必须做这件事；第三，提供人际支持；第四，提供有限的选择。

具体是怎么做的呢？**首先我会照顾他的情绪，**承认刷牙确实不是愉悦的体验，这样孩子才会感觉被理解。如果你说：“刷牙不是挺好玩的吗？”或者“不就是刷个牙吗？就这么痛苦吗？别人家的孩子不都刷得好好的吗？”这就是在否认孩子的感受了。

孩子的感受是非常重要的，否认它会让孩子怀疑自我，觉得自己是不是哪儿出了问题，而且会更加抗拒大人的要求。所以，我在这时都会好言好语地和他说：“嗯，刷牙是挺讨厌的啊，你现在是不是很烦啊？”或者“哦，你不喜欢刷牙，是吧？”先这样把他的情绪稳定下

来，然后再进一步说："可是，刷牙是很重要的，你要是不好好刷牙，以后牙齿会坏的。"

这就是第二步，解释为什么必须要做这件事。不过，我这样的说理往往是没用的，因为儿子总是会问："牙齿会怎么坏呢？以后坏的话，到底是什么时候呢？"

如果你和他说，5年、10年后会牙疼、有蛀牙、要拔牙什么的，他根本就听不懂，听懂了也一点儿威慑力都没有。4岁的孩子会在乎自己10年后会怎样吗？要是会在乎的话，他们早就像广大家长所期望的，每天18小时学奥数了。

于是，我带儿子去参加了当地的一个牙医诊所的公益活动，让孩子们玩模拟牙医的游戏。每个孩子都可以假装自己是牙医，给其他孩子检查牙齿，然后真正的牙医也会给他们上课，讲一讲牙齿卫生知识，顺便给他们检查一下牙齿，并且告诉他们目前的牙齿状况。果然，牙医和我

儿子说："你刷牙不太好，要注意。"

诊所用各种各样坏了的牙齿的照片，把孩子们着实吓了一跳，然后一个穿白大褂的医生和我儿子说"你刷牙不太好"，这个话的效果就不同了，儿子终于把这句话听进去了，明白自己确实需要好好刷牙了。

这时候道理就比较好讲了，我只需要说"我也知道刷牙不好玩，但是牙医说你刷牙不太好，以后会得蛀牙哦"就可以了。儿子虽然不情愿，但已经被说动了。

于是我就进入第三步：提供人际支持。很简单，只要有可能，我就和他一起刷牙，这样他就知道，这不是大人忽悠小孩的把戏，而是大人同样要遵守的规则。有爸爸站在旁边，两个人一起拿牙刷、挤牙膏、装水、漱口、刷牙，也把刷牙变得更像一个游戏，让他更好接受。

但这里面其实还有第四步，就是提供有限的选择。"有限"的意思是，你不管怎样都得把牙刷了，有时候还得是在一定的时间内，但是除此之外，你可以有自己的选择。比如在晚上你可以选择是先刷牙后洗澡，还是先洗澡后刷牙；你可以选择是爸爸陪你刷，还是妈妈陪你刷；而且我事先在买儿童牙膏、牙刷的时候，也让他参与；甚至在最

关键的训练时期，还总在家里备两个牙刷、两管牙膏。这样每天我让他刷牙的时候，就不用说：“快去刷牙。”而是：“哎，你来选一下，今天晚上想用托马斯牙膏还是狮子王牙膏？”

给孩子选择的权利，孩子就不会感觉被强迫，而是“好像我还是有自由的，可以选择”。当孩子做出选择后，他也会对这件事更认同，觉得这是自己的事，而不完全是父母或者老师的事。当然，这些选择都是有限的，终归他还是必须要刷牙。但只要可以选择，这个任务就不那么讨厌了。在这个过程当中，他的理性决策能力越来越强，非理性的抗拒越来越少，将来也更可能有自主感。

这个方法也可以用在其他事情上：第一，接纳情绪；第二，解释原因；第三，提供人际支持；第四，提供有限的选择。

比如做作业，孩子拖延着不肯做作业时，我会先接纳他的情绪：“噢，你现在不想做作业。”或者“哎，你觉得做作业挺烦的，但是如果不做作业，今天学的东西就记不牢了，而且明天老师检查怎么办？”这就是讲道理了。然后我就提供人际支持：“这样吧，我和你一起来做作业吧。”我会拿一本书坐在他旁边，和他一起学习，在他需要帮忙的时候帮他一下。做作业时，所有的选择都是他自己做的，他想先做语文还是先做数学，中间休息几次，休息多长时间，都由他自己决定，只要不拖得太晚就行。

比如吃蔬菜，我都会用这个办法。我儿子和很多孩子一样，也不喜欢吃蔬菜，吃饭的时候经常需要我们提醒：“哎，你要吃点儿蔬菜啊。”他一般都是没反应，我就接着说：“嗯，蔬菜是不太好吃啊，也难怪你不喜欢。不过呢，它对你的健康很好哦，如果只吃肉和饭、不吃蔬菜的话，会营养不均衡。你看，爸爸妈妈都吃很多蔬菜的。”然后我们俩就一起吃青菜给他看，同时我也给他选择：“你看，青菜和西兰花，你要哪一个？”或者夹一大筷子青菜给他，和他说：“不着急，你可以现在就把菜吃掉，也可以等到最后吃完其他东西再吃。”

当然，有时候你把这四招全部使完，可能还是没用，孩子就是不肯做。那也没关系，这可能是因为你操之过急了，所以孩子习惯了抗拒。这个时候，我们就更加要坚持这四个步骤，因为就算失败，你也要让孩子看到你的诚意——你尊重他的感受，向他解释原因，而不是把这件事情强加给他，而且陪他一起同甘共苦，还给他一定的选择权。这样他才能更加体会到自主，而且也更可能和你合作。

第二节　兴趣班：到底是兴趣重要，还是坚持重要？

经常有家长问我：“孩子的兴趣班才上了一半就不想上了，每次送他去都是磨磨蹭蹭的，实在磨不过去就又哭又闹。我也不忍心逼他，可是不逼他又怕太溺爱了以后没有毅力，怎么办呢？”

这确实是个两难的选择。一方面，家长知道自主的重要性；但另一方面，如果任由孩子做主，一遇到困难就放弃，肯定也不行。有没有两全其美的办法呢？

家长之所以有这种困惑，是因为误解了“毅力”的含义，以为毅力

毅力是热爱和坚持的结合，一味地强调坚持，绝对不是真正的毅力。没有热爱做支撑，谁都不能长久地坚持下去。

就等于无论如何都要咬牙坚持。其实，毅力是热爱和坚持的结合。当今毅力研究的权威是美国心理学家安吉拉·达克沃斯，她也是我在宾夕法尼亚大学念研究生时的老师。2016年她刚出了一本新书，书名就是《毅力：热爱和坚持的力量》，书中介绍了她的很多研究，这些研究发现毅力比智商更能预测一个人的成功。

但是，你看她这本书的书名——《毅力：热爱和坚持的力量》，把兴趣放在了坚持的前面。身为华裔，她对中国文化很了解。她认为，中国父母和美国父母，在培养孩子的毅力方面的侧重点应该是不一样的：美国父母要更多地注意让孩子坚持，而对中国父母，则更应强调热爱的重要性。

一味地强调坚持，绝对不是真正的毅力。没有热爱做支撑，谁都不能长久地坚持下去。因为我在清华大学心理学系工作，知道一些清华学生的情况。不少学生在高中时非常努力，最终考上了清华大学这样的全国最高学府。结果进了大学之后呢，突然就不努力了。为什么呢？有的是遇到挫折，本来以前总是全班第一，现在却怎么考也考不过人家，就干脆自暴自弃了；还有的是觉得“我都已经考上清华了，我已经成功了”，就松懈了。

为什么这些孩子会在中学时很努力，到了大学却放弃了呢？如果你和他们聊聊就会发现，他们中的很多人并不热爱学习本身，而是被逼着学习的。因此，他们没有坚持的内在动机，一旦遇到重大挫折，或者外界压力消失了，他们就放弃了。

> 就像安吉拉·达克沃斯说的，真正能够坚持做一件事，首先你要热爱它，然后才是自控力。

那么，怎样才能让孩子热爱一件事呢？最重要的还是要培养兴趣，让孩子自己喜欢这件事。尤其是幼儿，要暴露在各种不同的刺激之下，让他有充分的自由度去尝试、犯错、选择，慢慢地发现自己的兴趣。但是，兴趣一旦确立之后，孩子已经在这条路上努力很久了，父母就得注意培养他们的坚持了，不能让他们说放弃就放弃。

这个分界点在哪里呢？关键就是看这个兴趣一开始是不是孩子自己选择的。如果不是他选的，那么他上了一半，发现不感兴趣，就可以放弃。你不需要在这个时候逼他，以为一放弃他就没毅力了，这个时候反而是在保护他的毅力。因为如果他习惯于被逼着努力的话，将来有一天你逼不了他了，他还会努力吗？

但是如果这个兴趣班是他自己选的，你就需要逼他了。因为孩子的特点是对什么活动都容易感兴趣，但遇到挫折也特别容易放弃。如果你在这个时候逼他一下，帮他度过了这个难关，他会对自己更有信心，觉得自己在这方面很不错，就会对它更有兴趣了。

这就是既保护孩子的自主，又培养他的毅力的方法。**总结起来就是一句话：让他做主，但他必须对自己的选择负责。**

我对儿子就是采取的这个简单原则。5岁以前，我允许他中途放弃兴趣班，因为那个时候他还没有足够的理性判断力，我也看不准他是真的喜欢还是一时冲动；5岁以后，每次报兴趣班，我都会和他严肃地讨论："这个班至少要上一学期，要交多少多少钱，你想清楚了，如果真的想上，那就得坚持到底，每堂课都得去。"

儿子有时会和我讨论一下，有时可能是真的很喜欢坚持要去。那好，我就给他报，如果他哪次不想去，对不起，我非强迫你去不可。原因很简单："你说话得算数啊！"

儿子当然不乐意，又是耍赖，又是哭闹。但我坚持这个原则："你答应我的，每堂课都要去。今天要是不去，就是说话不算数。你要是说话不算数，那爸爸也说话不算数，上回说好的带你去游乐园玩也不去了，你过生日时说好了要给你买的礼物也不买了。"

这就是第四章第四节"孩子犯了错，该怎样惩罚"中讲的自然后果了。你说话不算数，所以我给你的承诺也取消。这带点儿威胁的味道，但主要还是讲道理。最后，儿子一般都还是会去的。

有意思的是，去了之后，他其实没那么讨厌这个课（大家可能也都有过这种经验）。尤其是一旦克服了目前的困难，能力又上了一个台阶之后，他就会更喜欢这个活动了。

如果在上完这一周期后，孩子还是不喜欢，那个时候我就允许他放弃了。因为他承诺我的事情已经做到了，下面还是应该由他自己做主。

有些家长难免会着急："啊？那前面的时间、精力还有钱不就全浪费了吗？"

孩子这么广泛地选兴趣班可不是毫无意义的浪费。达克沃斯在她的书中援引了一项研究，发现那些小时候不知道自己喜欢什么运动，足球、篮球、游泳、田径都练过，最后才选定一个方向的运动员，在运动生涯的早期，确实发展没有那些从小就专攻一项运动的运动员表现好，但是随着职业生涯的发展，他们的表现会越来越好，最终会超过那些从小专攻一项运动的运动员。因为第一，他们会更喜欢自己精心挑选的这项运动；第二，他们肯定是试了一圈，发现自己最擅长这项运动，不像那些从小专攻一种运动的运动员，早期的优势更多的是强化训练出来的；第三，他们早期的那些乱选乱练，让他们有了更全面的训练，肌肉发展更全面，而那些从小专攻一种运动的运动员则更容易受伤。

所以，我们不用那么着急。就像成年人谈恋爱，不可能说所有的恋爱最后都要以婚姻收场。婚姻是一辈子的大事，和不合适的对象早点儿分手，总比将来离婚好。培养孩子的兴趣爱好，也是关乎他一辈子的大事，他早点儿放弃不是真心喜爱的活动，总比将来大学都上完了，都工作好几年，才发现自己不喜欢，然后痛苦地转行好。

自主，在培养孩子的兴趣爱好中发挥着至关重要的作用。它与毅力不仅不冲突，而且是相辅相成的。正因为孩子当初自主选择了这个爱好，他才更可能坚持下去。而他越坚持，就越可能做得好，也就收获了越多的胜任感——这又正是人类的另一项基本心理需求。

“培养孩子毅力，首先要发展他的兴趣，
你get到了吗？”

第三节　成长型思维：让孩子努力的关键

孩子在兴趣班或者其他任何事情上的胜任感来自哪里？当然是来自他在这件事情上取得的成就。

那么，是什么决定了孩子在一件事情上的成就呢？有人说是天赋，有人说是努力，达克沃斯在《毅力：热爱和坚持的力量》这本书里提出了两个公式，把它们放到了一起：

天赋×努力=技能

技能×努力=成就

所以，成就=天赋×努力^2。难怪国内前一阵子特别流行一句话：以大多数人的努力程度之低，根本轮不到拼天赋。

让孩子在一件事情上取得成就，获得胜任感，并最终喜欢上这件事，关键在于他的努力。

那么，如何让孩子努力呢？**关键是要培养孩子的成长型思维。**什么是成长型思维呢？我在本书第二章第六节“父母是园丁，不是木匠”一节已经讲过的，具有成长型思维的人相信，一个人的智力、才能、优势可以靠自己的努力大幅提升。他们更关注自己是不是付出了足够的努力，是不是有进步，是不是学到了新知识、新技能。他们更欢迎挑战，遇到挑战后更可能坚持，在失败后更容易东山再起。总之一句话，他们认为成就主要来自于努力。

培养孩子的成长型思维的具体做法，其实已经浸透在本书的很多章节中，因为成长型思维是本书的主要理念之一。在这一节，**我以学习为例，讲讲如何用正确的表扬方法培养孩子的成长型思维。**

比如，4岁的孩子，你问他：“3加4等于几？”他想了想说：“等于7！”你会怎么表扬他？我看到很多父母，尤其是老人，脱口就说：“对，宝宝真聪明！”

这样的表扬传达给孩子什么样的信息呢？就是你之所以能做得这么

好，是因为你天生聪明，但聪明与否是难以立刻改变的，所以如果孩子有这样的想法，遇到困难时会更容易放弃。因为他们会想，“我没有这方面的天赋，所以我没办法做好”。而且为了维护自己聪明的形象，他们会害怕挑战，生怕挑战失败，别人就不觉得他不聪明了。

这可不是我的推理，而是科学家做过的实验。科学家发现，在表扬孩子聪明之后，再给他们难一些的题目和容易一些的题目让他们选择，他们会选择容易一些的题目，而且随后他们在遇到不会做的题目时会变得更焦虑，在最后的测试中成绩也下降了 20%。

那到底应该怎样表扬孩子呢？这里面有三个诀窍。

> 第一，表扬努力而不是天赋；
> 第二，关注过程而不是结果；
> 第三，确认行为而不评判。

第一，表扬努力，而不是天赋。在刚才提到的实验中，科学家发现，表扬孩子努力之后，他们更愿意选择难一些的题目，而且遇到问题时更努力地集中精力去克服，在最后的测试中成绩上升了30%！

听起来很神奇，是不是？这是因为，你夸孩子努力，传递的信息是：你的价值和你本来有多少天赋没有关系，而是在于你的努力，只要你努力，就可以取得进步。所以他们乐于挑战更难的题目，因为如果他们能做出来当然最好，即使做不出来，他们至少也努力了。他们相信，只要自己足够努力，就更有可能解出这些题。

所以，成长型思维是这么夸孩子的：“哇，你一定经常练口算吧。”或者“嗯，我看到你刚才算得好用心哦。”也可以直接引导孩子接受更难的挑战，比如说："嗯，你算出了这道题，看来这道题对你来说比较容易，我们来做一些更难的题目吧！"

第二个诀窍，关注过程，而不是结果。因为真正的好学，不是为了能考高分，而是为了享受学习的过程和乐趣。所以，如果孩子很快就算出了一道题，不要夸他："哇，你算得这么快，你真厉害！"或者"这么难的题你都会啊，你一定是你们班最棒的！"因为你把他和别人进行比较，这其实也是在关注他的结果，因为只有结果才好比较嘛，你总不能说"你一定是你们全班最享受解题过程的"吧。

表扬时关注结果，就会让孩子认为"只有我把题算出来了，大人才认可我"，以后他学习的时候想的就是"这道题我能不能解出来？我能不能考全班第一？"而不是"从这道题里我能学到什么？""我这次比以前有进步吗？"要想让孩子关注过程，你可以像我前面举的例子那样夸他："嗯，我看到你刚才算得好用心哦。"或者直接问他的过程："咦，你是怎么算的呢？"

我们做家长的都知道，孩子的好胜心和自尊心都很强，一道题算出来之后，他们都迫不及待地想要知道自己对不对。比如我儿子，每次他算了一道比较难的题，都要先反问我："爸爸，你先告诉我，我算得对不对，然后我再告诉你我是怎么算的。"这个时候就需要我们帮他把注意力集中到过程上去。比如，我就会直接和儿子说："不行。你是怎么算的，比你算得对不对还要重要。你得先告诉我你是怎么算的。"

孩子在告诉了你怎么算的之后，我们还是遵循同样的原则，就是关注过程而不是结果。如果他算的是对的，你可以说："这个算法不错，你怎么想出来的？"或者引导他接受更难的挑战，比如"这个算法是对的，但是我这里还有一道更难的题，你觉得用这种方法能做出来吗？"如果他算错了，你不能否定他的努力，你可以这样说："嗯，你的思路挺好的，不过中间出了一点儿小问题，你要不要再想想？"如果他确实需要帮助，你就帮他缩小一下问题范围："对，这个算法挺好的，不过还有个小错误藏在某一步里面哦。来，我们把它挖出来！"

无论对错，你都可以让孩子注意过程的乐趣。比如说："你看这道题好玩吧，下面还有一道更好玩的，你要不要试试？"或者更夸张一点的："好！我们打败了这道题，可是下面还有更难的题在前面拦着我们，你敢不敢再去打一关？"就算他算错了，你也可以说："咦，有意思，这里竟然有个陷阱，幸亏我们发现了，来，踩扁它！"或者对他说："哈哈，这道题有点儿难，来，我们再使把劲儿，打败这么难的题才好玩！"这样一来，孩子就会更沉浸在学习的乐趣之中，而不是焦虑于解题的结果。

如果要使你的表扬能最大程度地培养出孩子的好学心，你还需要知道表扬的第三个诀窍，也是最神奇的一招——**以无招胜有招，用确认代替表扬，干脆不表扬了。**

为什么呢？因为表扬的意思就是对孩子说"我认可你的表现"，这样就会让孩子以争取父母的认可为目标，又是在以结果为导向了，而且会激发孩子的内摄动机。如果我们只是确认孩子的表现，比如前面已经用过两次的例子"嗯，我看到你刚才算得好用心哦"，就只是在确认他的努力。

类似的，你还可以说："你做出来的这道题，有二年级的难度"，这样的确认，既有细节，让孩子觉得"你真的是在关注我"，又没有评判，这样孩子才能发展出真正属于他自己的学习动力。不要只是说："孩子你真棒，我真为你骄傲！"这样空泛的主观的表扬，这样反而会损害孩子的好学心。

当然，表扬的这三招，不仅仅在学习上有用，对于孩子的其他方面也一样适用。比如，如果孩子能自己系鞋带了，你不要一把抱住他说："哎呀，宝贝你真厉害，都会自己系鞋带了！"而应该确认他的努力过程："嗯，你刚才很用心地自己系鞋带，现在已经系得又牢又整齐了。"再比如，孩子知道有礼貌了，你也可以简单地确认："刚才家里来了客人，你主动打招呼了。"或者"我发现你现在每次要别人帮忙的时候都会说'请'了。"

总之，这就是表扬的三个诀窍：第一，表扬努力而不是天赋；第二，关注过程而不是结果；第三，确认行为而不评判。这样就能培养孩子的成长型思维，能让他更努力，把事情做得更好，更有胜任感。

第四节　孩子遇到挫折，怎样帮他克服？

前几年有专家呼吁要对孩子进行挫折教育，有家长一想："有道理啊，我们家孩子什么苦都没吃过，从小没受过挫折，将来一遇到挫折不就垮了吗？得让他接受挫折教育，增加抗挫力。”

孩子真的从没受过挫折吗？其实并不是，是孩子遭受挫折的时候，家长忽略了。

比如，孩子喜欢小朋友的一个玩具，向小朋友要，对方没给，孩子就过去抢，对方推了他一下，于是两个人打了起来，大人赶紧把他们拉开，分别批评，孩子哇哇大哭起来。你可能觉得这是件小事，在生活中司空见惯，但对孩子来说就是一连串的挫折：他喜欢别人的一个东西，但不知道怎样才能得到，只会去抢，这是一个挫折；对方推了他一下，他不知道该怎么回应，只会打回去，这也是一个挫折；然后又被大人批评了一通，这又是一个挫折。

这时，我们做家长的正好可以利用这个场景培养孩子的抗挫力。

我们有三件事可以做，第一，提供人际支持；第二，帮他理性分析；第三，帮他解决问题。

第一，提供人际支持。要让孩子知道你是站在他这边的，因为孩子遇到挫折的时候是最需要父母的爱的，千万不能在这个时候撤回你的爱，比如说：“不许打人！你再打人我就不要你了！”或者“批评一下就哭了，怎么这么脆弱！”你需要认可他的情绪：“你现在是不是挺生气的？”“哦，我看你有点儿难受，是吗？”

不要以为抗挫力是一种很男子汉气概的东西，要的是毅力、坚强、咬牙忍受，和情感、爱没关系。甚至有人会觉得，给孩子太多爱，孩子将来是不是就受不了挫折了。研究表明，恰恰是那些情感储存比较好的孩子，

平时多给予孩子情感支持，就是在培养他们的抗挫力。

有更好的抗挫力。比如，美国北卡大学的芭芭拉·弗雷德里克森，她是研究积极情绪的专家，她就发现，情感调节能力越强，抗挫力越强。积极情绪为什么能促进幸福呢？其中的一个原因就是积极情绪帮你构建了更强的抗挫力，而抗挫力更强的人对生活更满意。

第二，要帮助孩子理性分析。就是当他遇到挫折时，不要让他以为自己本质上有问题，而要帮他看到希望。这个我在本书第三章第七节“批评出乐观”中提到过，就是帮孩子把挫折看成是暂时的、特定情况下发生的，而且不是由于他的本质引起的。具体的方法，可以翻到那一节里再复习一下。

第三，要着手帮孩子解决问题。你要看到，孩子抢别人的东西，不是因为他品行不好，而是因为他不知道也不会使用其他方法。他正在经历一个挫折，你要帮助他克服这个挫折。

你可以教孩子："你想想，怎么让他愿意把玩具借给你呢？哦，比如说，上个星期你不是把变形金刚借给过他吗？要不要提醒他一下，你们是好朋友，要有来有往哦。或者呢，你现在玩的这个遥控汽车挺好玩的，要不和他换换看？再不然呢，和他说'我家里有一个乐高，可好玩了，你要是今天把这个玩具借给我，我就邀请你到我家来玩乐高。'"

这就是教给他克服挫折的方法。如果别人还是拒绝，没有关系，你再教给他接受拒绝的方法，不要被拒绝了就打人。先是接纳他的情绪："唉，你玩不了这个玩具，是挺失望、挺难过的。"然后帮他找到其他

抗挫力不是遇到挫折死扛着，而是遇到挫折知道自己有能力克服。

补救方法：“我和你说啊，其实他也想玩你的遥控汽车。咱们俩打个赌吧，你现在装做不在乎，好好玩你自己的遥控汽车，过一会儿他说不定会拿他的玩具来换你的遥控汽车呢。”这就是在帮孩子发展解决问题的能力，因为抗挫力最重要的不是遇到挫折死扛着，而是遇到挫折知道自己有能力克服。

孩子在成长过程中其实是挫折不断，就看我们做家长的有没有留意的眼睛。简单地说，你看孩子每一次出现负面情绪，如果是难过，那就说明他有愿望没有实现，你得帮他看看怎样才能实现；如果是生气，那就说明他觉得不公平，你得和他聊聊，也许是他真的受委屈了，也许是他想法有偏差；如果是害怕，那就说明他觉得接下来要发生一件他对付不了的事，你得帮他应对，或者帮他分析，这件事其实没那么可怕。

从这个角度看，增强孩子的抗挫力其实还有一种策略，就是允许孩子犯错误。当然了，那种会严重伤害孩子或者他人的错误，比如过马路时闯红灯，或者打其他小朋友，一定要制止；但是如果后果不严重，我们可以让孩子试一试，因为亲身经历的体验才最深刻，而且从中得到的提升也更大。

现在有很多家长爱子心切，保护心理特别强。看见前面路上有个坑，一定要让孩子绕过去，恨不得孩子一路平平安安，一次跤都不摔。这其实和孩子学走路时，你怕他摔跤，一直抓着他不放手没什么区别。不放手，孩子一辈子也学不会走路。如果我们能明白，孩子现在犯的小错误，是培养他们抗挫力的最好机会，我们就会更加敢于让孩子犯错了。

我儿子上幼儿园的时候，园里开设有英语课。几乎所有小朋友都选了这门课，所以幼儿园就把它安排在正课时间上。可是我儿子上了不喜欢，新学期开学的时候和我说："我不想上英语课了。"我说："不上也可以，可是大家都在教室上英语课，你一个人干嘛呢？"他说："我一个人在旁边玩玩具也挺好的。"我知道这是错误的，但怎么劝说也没用，就听他的，没有给他报英语课。结果没几个星期，他果然后悔了。因为一个人玩儿其实挺没劲的，比上英语课还没劲。到了第二学期，他又要求报英语课了。

我为什么明知他的决定是错误的，还让他做呢？因为第一，这个错误的后果不严重。小孩子语言能力非常强，缺个一学期的课根本没关系，他第二学期也一点儿没有跟不上的问题。

第二，让他知道，自己的决定是有后果的，就像本书第四章第四节"孩子犯了错，该怎样惩罚"中讲的一样，让他承担自主决定的自然后果，相当于他自己惩罚了自己。而且这也能让他知道，一件事情不好，不等于替代它的方案就一定更好。

第三，他经历了这个挫折，以后就不会害怕类似的场景，比如小学的戏剧课，他们班人人都参与，他却不感兴趣。那怎么办？或者到了将来，他们宿舍的男生全体出去打架，他有没有勇气说"不"？

当然，在这个过程中，我一直也在家和他说英语，关心每次别人上英语课时他的情况，帮助他走过这段挫折时期。因为我们一开始就说了，培养孩子的抗挫力有三个要点：提供人际支持，引导他理性分析，帮助他解决问题。这样我们就把孩子生活中的挫折和错误，变成他面对挫折更加勇敢的能力。

当孩子更能应对挫折，从挫折中反弹，不断努力，最终战胜挫折之后，他就会有更强的胜任感，对自己也就更有信心了。

第五节　网球模型：让孩子在沟通中感受到你的爱

“关系”这一基本心理需求，是指人都需要别人真诚、亲密的爱——当然，绝大多数父母对孩子的爱都是真诚、亲密的，问题是：孩子感觉到了吗？

如果孩子没有感受到，就会认为自己没有得到足够多的来自父母的爱，在关系上的基本心理需求就没有得到满足，这会影响他自主动机的形成。

不幸的是，这种情况并不只是一种理论上的假设，而是经常发生在我们身边的现实。搜狐网教育频道曾报道，有学校调查问卷显示，60%以上的孩子觉得父母不爱自己或者不确定父母是否爱自己[12]。

一个孩子，如果觉得自己的父母都不爱自己，会感到自卑、愤怒、自我没有价值。因此，让孩子感受到来自父母的爱与支持非常重要。那么，怎样才能让孩子感受到父母的爱与支持呢？

首先，也是最重要的，就是要调整你的心态。你是园丁，而不是木匠。不管孩子表现如何，你都应该无条件地爱他，无条件地支持他、关心他。

---

⑫　http://mt.sohu.com/20161130/n474563233.shtml 2017/4/22.

一个孩子，如果感受不到父母对自己的爱，会感到自卑、愤怒、自我没有价值。

其次，不要用有条件的爱控制孩子。孩子有问题就解决问题，不要用撤回爱的方式惩罚或者威胁他。

第三，在日常生活中表现出对孩子的关心和支持。

让孩子感受到你的爱，并不是每天对他说100遍“我爱你”就有用的，关键在于你的实际行动。比如前文讲到的，在必须让他做一件他不愿意、不喜欢的事的时候，提供人际支持，和他一起去做那件事。这就是在孩子感到困难的时刻，满足了他对关系的心理需求，从而使他更可能接受这件事。

这一节，主要讲如何在沟通中让孩子感受到你的爱。因为育儿生活中，父母和孩子好像经常处于一种对立的状态。要么是孩子在公园玩上了瘾，你叫他回家他就大哭大闹；要么是上学马上就要迟到了，孩子还在那里慢悠悠地玩玩具，你恨不得踹他一脚；再不然就是为了买不买一包零食，你们俩吵得面红耳赤，两个人都怒火冲天。你跟他那爱的小船啊，简直是说翻就翻。

这时候你很容易脱口说出伤人的话，比如，“你怎么那么不听话！”“你还有没有时间观念啊！”“你怎么就这么馋呢！”这样的话，当然让孩子觉得你不爱他。

做父母的一定要知道，你和孩子处理情绪的能力是不同的。孩子的大脑发育有个特点，就是产生各种情绪的部分很早就发育得比较成熟了，所以孩子很小的时候就开始有喜怒哀乐，但是对情绪进行理智的管理、抑制和分析的部分，也就是掌管理智部分的脑区，要到20岁以后才能完全发育成熟。所以，孩子时常会变得蛮不讲理，因为他负责明白道理的那部分大脑还没有长好啊。

而且，这种日子还长着呢，他在上小学后还会继续拖延耍赖，上中学后还会继续毛躁轻浮，上大学后还会继续莽撞冲动——你就慢慢等着吧。没办法，谁叫你生的是人类宝宝，而不是机器人宝宝呢。人类宝宝的大脑发育就是这么设计的。

可是，你作为成年人，理性脑已经完全发育好了，你应该有成熟的处理情绪的能力，不仅是你的情绪，也包括孩子的情绪。所以，你和孩子的沟通，其实并不是同一量级的两个对手在较量。你既然处理情绪的能力更强，那么也就应该负有更多的处理双方情绪的责任。

和孩子沟通就像是在打网球，你可以直接接球，也可以等球在地面弹一下再打回去。直接接球，就相当于你直接回应孩子的话；在地上弹一下再打回去，就相当于你把话里的情绪处理了之后，再回应。

孩子不会处理情绪，所以他只会直接回球。但是你会处理情绪，你

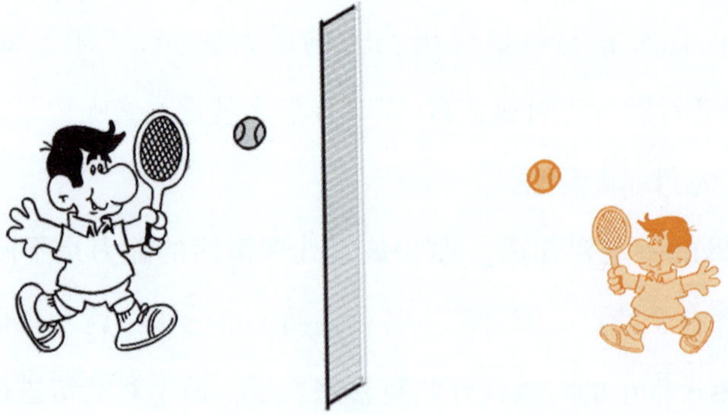

应该根据孩子打过来的球判断他的话里有没有情绪。

如果孩子正在生气、委屈、难过、困惑，他的话就像是发过来一个红色的球，那你就需要判断这个球是直接接，还是得让它在地上弹一下，变成绿色的之后再接。

这时你首先要处理孩子的情绪，让他感觉到：“哦，爸爸妈妈是关心我的，他关注到了我的情绪，而且接纳了我的情绪。”

比如说，有时候我儿子在公园里玩得不想回家，我一说回家他就闹，我真想说：“有什么好玩的？都玩了一下午了，还没玩够啊？”但这句话其实是我的视角，因为我带他在这个公园玩了一下午，我已经厌烦了，但孩子没有玩够啊。所以，我还是得首先接纳他的情绪，和他说：“嗯，我知道你还想再玩会儿。”或者“我催你回家，你感到很烦，是吗？”

这样说的好处是，当孩子感到自己的情绪被大人接纳后，就会慢慢平静下来。相反，如果你不接纳他的情绪，比如“就这么简单的游戏，有什么好玩的？”或者简单地命令他：“我不管你还想不想玩，现在就

是得回家！”那他的对抗情绪就会更激烈，也就更难平静下来。

在处理完孩子的情绪之后，就要进入第二步：给孩子回球。这时候你要注意，孩子是不会接从地面弹起的球的。也就是说，如果你的话是带有情绪的，比如“整天就知道玩！怎么没看见你学习这么用心过？”他是听不出来你很生气的。

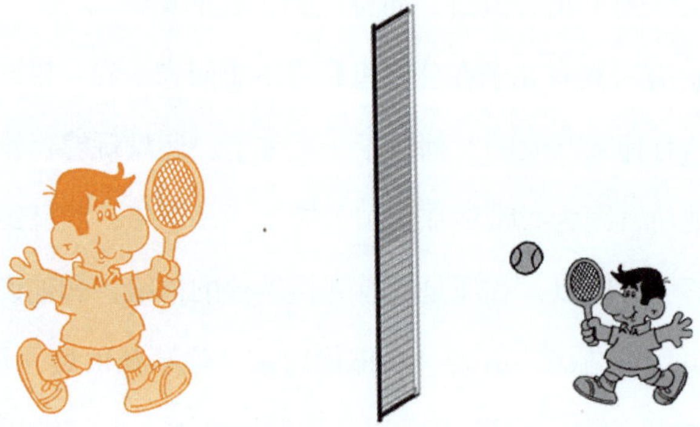

所以，哪怕你确实有情绪，也必须把你的话处理成孩子能够听得懂的，那就是只讲你的感受，而不带有对他的指责。比如上面的例子，你在确认完他的情绪之后可以说：“可是我担心再不回家，就来不及吃饭了。”

你也可以让他知道别人的感受，比如：“奶奶在家里把饭菜都做好了，你还不回去，奶奶就要把饭菜重新热一遍，那她多累啊。”

如果你说：“奶奶在家里把饭菜都做好了你还不回去，你怎么这么不懂事？”或者“你有没有时间观念！你再不回家，晚上就没时间做作业了！”这就是在指责他了。

孩子一被指责，就会进入对抗状态，就像你打给他一个他接不了的球，那这球肯定就没法打下去了。如果你实在心里有火，可以把孩子的行为加进去，告诉他你为什么生气。比如“你到了时间还不回家，让我很生气”，或者“奶奶做好了饭你还不回去吃，会让她失望”，只描述孩子的行为，不加指责地告诉孩子他的行为对别人的影响。这样一来，他既知道了别人的感受，又不会太对抗。

然后你就可以进入第三步了，就是双方都把情绪处理好了，终于可以解决问题了。具体的做法，仍然和打网球一样，你说你的想法，我说我的想法，包括我为什么会有这样的情绪，我需要怎样才能消除这样的情绪。

还是举我儿子在公园里玩得不愿意回家的例子。我问他：“为什么一让你回家，你就烦呢？”他说：“我还想再多玩一会儿。”我说：“可是我担心你再不回家，奶奶做的饭菜就凉了，而且为了你一个人想在公园玩，大家都没法按时吃饭，这让我对你有点儿生气。”这时候他的回答特别可爱，他说：“那我也没办法啊，我就是必须还要再玩一会儿。”我说：“那这样吧， 我设个闹钟，你再玩1分钟。”他立刻抗议：“那不行，至少也要10分钟！”经过一番讨价还价，最后我们定为5分钟，然后闹钟一响，他果然就乖乖地回家了。

这样的谈判过程，就是在教他如何用理性的讨论解决问题，而不是要么孩子用哭闹要挟大人，要么大人用暴力制服孩子。在谈判过程中，重要的不是谁说服谁，而是听到对方的意见，感受到对方的感受。

我们一直在说，不要让孩子进入对抗状态，但其实我们做家长的更要注意，别让自己先进入对抗状态。无论你多生气、多失望，也得告诉自己，这不是孩子的错，他这个年龄就该这样气死人。

其实，孩子这么闹是好事，这不是给你一个机会了解他，也给他一个机会了解别人的情绪吗？重要的不是最后谁赢谁输，而是通过这个机会培养他的共情能力，让他知道别人也有别人的感受和想法，这样他将来才能更好地与别人打交道。

这方面，我推荐《怎么说孩子才会听，怎么听孩子才会说》和《父母效能训练手册》这两本书，对于沟通技巧有更具体的讲述。我在这里

要强调的是总原则，就是要先接纳孩子的情绪，不要对孩子发泄你的情绪，然后再解决问题。

其实，很多时候你会发现，当初和孩子掐得一地鸡毛的那些问题，其实很多都无足轻重。真正重要的，是你和孩子之间的爱。他能不能感受到你的爱？你和他之间的连接让他感到安全吗？你和他之间形成了真诚、亲密、信任的关系吗？这才是你每次和他沟通时，必须萦绕于心的首要问题。

你和孩子掐得一地鸡毛的那些问题，其实很多都无足轻重。真正重要的，是你和孩子之间的爱。

第六节　用合作的方式解决问题

上一节讲的是，和孩子发生冲突时如何控制情绪，如何和孩子交换意见。但是，有时候你该说的话都说了，问题还是无法解决，那该怎么办呢？

比如说，我儿子4岁的时候特别讨厌洗澡，怎么说都不听，经常弄得我们一气之下干脆强行把他抱到浴室里去洗澡。但这样做效果肯定不好，我后来就反思了一下，改为和他讨论这个问题，结果还真收到了奇效。

方法很简单，首先还是上一节讲的接纳情绪、讲道理，**但更重要的是你也要听孩子讲他的道理，然后大家一起商量解决方法。**所以，我先

是很正经地和他说："好，我们坐下聊聊吧。"我和他在两张椅子上坐下，他坐高椅子，我坐低椅子，这样我们两个人眼睛在一条水平线上，让他不会有大人居高临下的压迫感，因为下面我们要开展平等的讨论了。我首先要接纳他的情绪，我说："嗯，你好像是特别讨厌洗澡，洗澡让你很烦啊。"他说："对，你们一叫我洗澡我就特别烦。"

我说："我们叫你洗澡是因为不洗澡身体就会脏，容易痒，到时候你到处乱抓，就难受了。就像这样……"我说着就伸手在他身上乱抓，把他惹得哈哈大笑。这样一来，我们之间的对立情绪就没有了，两个人是关系融洽地作为一个团队来解决问题。

他一边笑着说："哎呀，爸爸，你别抓了。"一边还是坚持说，"没事的，我不洗澡也不痒。"这个时候，我就转移话题了，因为再和他争论下去就陷入僵局了。我要说的话已经说完，下面关键是听他说，所以我就问："那你为什么讨厌洗澡呢？"

他说："因为洗澡的时候，水会流进眼睛，特别难受。"

"哦，原来是这个原因！"我心想，我这个爸爸也真够粗心的，没想到孩子不喜欢洗澡的原因原来这么简单，可是不问孩子，大人又怎么猜得出来呢？怪不得我们以前用的方法都无效，比如陪他一起洗、让他选择等，因为他的痛点不在那里。

我说："对啊，水进了眼睛，是特别难受，我也特别害怕水进眼睛。下面我们就来讨论怎么在洗澡的时候让水不进眼睛吧。"我拿出一张大白纸，说："我们一起来想想有什么方法。"

儿子先说："以后洗澡不洗头，也不洗脸就可以了。"

他妈妈在旁边立刻说了："不行，怎么能不洗头呢？最少也要两天洗一次！"

我连忙说："现在是想办法时间，我们先把办法都想出来，然后

再讨论这些办法行不行，不然就犯规了！”这是因为孩子的思维是非常开放的，提出来的方法十有八九是大人觉得荒谬可笑的，可是如果他提一个你否定一个，那他肯定马上就学乖了，觉得你们大人不过是引蛇出洞，以后就干脆不再提建议了。所以在这个头脑风暴阶段，我们要做到不评判。

我把儿子的建议写了下来：“以后洗澡不洗头也不洗脸。”然后我说：“我冲澡的时候都是闭着眼睛的，你把眼睛闭紧一点儿就行了。”

儿子立刻说：“不行，闭紧了水也会进来。”

我说：“哈哈，你犯规了，现在是想办法时间，不是讨论时间哦。”

儿子说：“哦，对。”然后我们就一起在那里想办法，比如洗澡不用水冲头，只用毛巾擦头；洗澡的时候用毛巾蒙住眼睛；单独拿一个脸盆，让他低头把头发浸进去洗头。到最后，儿子还想出来一个简单可行的好办法：戴着泳镜洗澡！

然后我们就进入讨论环节，大家逐条讨论各个方法，说出自己的看法，如果完全不可行，就把它划掉，其他的进行改进。比如儿子说以后洗澡不洗头了，我说了还是要洗头的理由，但是我们商量了一下，决定以后每次洗澡前由大人闻一下他的头，再决定是不是洗头。总之就是不能大人说“啊，你这个方法太蠢了”直接划掉！

最后形成的解决方案就是讨论之后各个方法的综合，他不是每次都要洗头，而且洗头的时候可以带着泳镜、蒙上毛巾防止水进入眼睛。我把这个方案写了下来，他也保证这样的话，他以后每天晚上到时间就去洗澡，大家在这张纸上都签了字。从那以后，他洗澡就没有大的障

碍了。

用这样的步骤：**第一步，接纳情绪；第二步，大家沟通各自的想法；第三步，大家一起提出解决方法，在这个阶段不做任何评判；第四步，一起讨论如何从这些方法中找到答案；第五步，形成一个合同，大家签字执行。**这样一来，你不仅更容易解决问题，还能发展孩子的合作能力，因为这其实就是他长大以后和别人合作时的模式，大家一起讨论、相互妥协、找到方案并且执行的过程。

这个方法并不难，难的是什么呢？是家长的观念。很多家长会误以为孩子的合作能力就是听话能力，“啊，我家孩子特别不合作，叫他往东，他

> 这个方法并不难，难的是家长的观念。很多家长误认为合作能力就是听话的能力。

偏要往西；叫他赶鸭，他偏要撵鸡！”

合作能力不是做牛做马的能力。难道你希望孩子长大以后，在团队里就是一味地听别人指挥吗？**合作能力是能够根据团队的目标、合作伙伴和环境的实际情况，和伙伴们一起讨论、妥协、努力解决问题的能力。**你迁就他，使他成为一个熊孩子固然不行，将来没有人喜欢和他合作，但是你把他训练成一个乖孩子就一定说明他合作能力强吗？也不一定，别人很可能并不会把他当成一个独立的合作者，而只是当成一个听话的劳动力而已。

当然，这个方法和上一节讲的方法一样，也不是万能的。有时候你们讨论了半天，还是找不到双方都能接受的解决方案。那也没关系，至少在这个过程中，你了解了孩子的想法，听到了他提出来的建议；他也感觉到了大人对自己的尊重，对你的道理也更能听得进去。大家相互了解之后，就更可能想出更妥当的办法。

比如，孩子不想去上钢琴课，如果是他自己当初答应了要去的，这时候就得强迫他去。但是，也不是必须把他一把抱上车，任凭他在后座上怎么哭闹，也要把他送到钢琴老师那儿去。你仍然可以按照刚才的步骤，先接受他的情绪，然后和他讲道理：“是你自己当初选择了要去的，所以你要说话算数。但是，我也想听听你为什么不想去的理由。”

他可能会说，这个老师太凶，或者教得太难，怎么也练不会；也可能会是些奇怪的理由，比如地方太远，不喜欢坐在车上没事干；或者练琴房门口有一只大狗，他害怕……他说出了原因之后，你们就可以讨论怎样解决问题了。

我们要信任孩子的能力，他往往能想出出乎你意料的解决方案，比如我儿子曾经自己想出来个方法，就是报名参加钢琴比赛，这样他就有动力去上钢琴课了。所以你永远不要低估孩子自主解决问题的能力，用合作的方式鼓励他自己思索、想出新点子，这样不仅能鼓励他的自主，让他感到自己有能力，而且不会伤害你和他之间的连接，会让他觉得“爸妈是理解我、支持我的”。

> 如果你满足了他的基本心理需求，他就更可能发展为一个自主的人。

第六章 挺拔的身材：培养孩子的价值观

很多人把自主教养误解为“就是让孩子做主”，那就太肤浅了。自主教养的目标是让孩子成为一个自主的人，而一个自主的人必然有健全的价值观；反过来，一个人如果没有价值观体系指导自己的行为，那他所谓的自主，其实也就和断线的风筝、无根的浮萍一样，看似自由自主，其实完全是随风飘荡、随波逐流，根本没有真正的自我。

给孩子一个积极、正向的价值观影响，是自主教养的重要内容。当然，如何既有效地规范孩子的行为、建立他的价值观，又保护他的自主和独立思考能力，这个平衡不好掌握。所以，这一章就成了全书最长的一章，从多个我认为非常重要的价值观入手，讲讲如何把孩子培养成一个明是非、懂道理的人，从而发展出他的整合动机，做事不是听从别人的摆布，而是遵循内心的指引。

第一节　暗黑小邪神，还是光明小天使？

你更希望孩子成为下面两种情况中的哪一种？

A：不太有主见，也没有什么爱好，甚至可以说是随波逐流，但是淳朴、善良，乐于助人，为人公平正直；

B：很有主见，也很有激情地去追求自己的目标，但自私自利，为了自己的欲望，不惜损害他人利益。

我虽然是自主教养的倡导者，但是在这种情况下，我宁愿自己的孩子成为一个不自主的好人，也不愿意他成为一个自主的坏人。因为好人不自主，顶多就是自己时常会感到困惑、迷茫、沮丧、无力，但遇到大是大非，他仍然能做出正确的选择；可坏人自主，那就要爆发出加倍的暗黑能量，不遗余力地破坏社会了。

当然，幸运的是，这只是一个理论上的假设。在现实世界，并不存在这样的两难选择。因为善良、助人、公平、正直是人的天性，社会又在这些人类天性的基础之上，构建出提倡善良、公正的主流价值观。所以，在正常情况下，每个人都会被形成这样的正面价值观，当他帮助别人、伸张正义时，他会感到内在的快乐和满足；只有那些受控动机过强，沉迷于金钱、权力、虚荣、执念等外在因素或者内摄心理的人，才会违背自己善良、公正的天性，损人利己，满足自己的欲望。这些人其实并不真的自主，他们的内心其实也经常发生冲突。

我这么说并不是心灵鸡汤，而是有着坚实的科学依据。大量的科学研究证明，人类的善良、公正不仅仅是后天教养的结果，绝对有先天的成分。

比如德国科学家做过一个有趣的实验[13]，当实验者需要帮助时，比如东西掉了、打不开橱门，才1岁半的小宝宝们看见后，都会上前主动帮忙。那么小的孩子，几乎还没有受到社会教化的影响，但也会主动帮助别人，可见助人确实是存在于我们的基因当中，是我们天性的一部分。

科学家还唯恐自己的研究不够扎实，又用大猩猩做了一遍实验，结果发现它们与人类小宝宝一样，在看到人类的求助信号之后，也会做出助人的举动。大猩猩是人类的近亲，这就暗示了我们互相帮助的本能，甚至在人类出现之前就进化出来了。

这在进化论上很好理解：进化的单位是基因，而非生物体；生物体相互帮助，对于基因的繁衍更有利，因此，促使生物互助的基因就流传开来。

> 人类的善良、公正不仅仅是后天教养的结果，绝对有先天的成分。

美国加州大学洛杉矶分校的一个研究团队通过大脑扫描，发现当人支持、安慰其他人时，大脑里分泌多巴胺的奖赏中心腹侧纹状体（ventral striatum）的血液流量增加，表示这些助人活动促使大脑分泌了多巴胺[14]。多巴胺是大脑的快乐使者，吃巧克力、做爱、吸毒、赌博、电子游戏，都能刺激多巴胺的分泌，因此，也特别容易让我们感觉开心、兴奋。可是，让人意料不到的是，助人

---

⑬ Warneken, F., & Tomasello, M.（2006）. Altruistic helping in human infants and young chimpanzees. *science*, 311（5765）, 1301–1303.

⑭ Inagaki, T. K., & Eisenberger, N. I.（2012）. Neural correlates of giving support to a loved one. *Psychosomatic medicine*, 74 （1）, 3–7.

也可以像这些活动一样，促使大脑分泌多巴胺，让人感到兴奋、快乐。可见，人类的大脑天生就被设计成喜欢助人。

类似的，道德在很大程度上也是进化的结果。在鼓励相互帮助的同时，进化还为我们发展出另一种武器：惩罚那些被帮助后却不回报的坏蛋。愤怒、憎恨、厌恶等心理的进化，都是为了帮助我们不被那些坏蛋占便宜，以及威慑其他想白占便宜的潜在坏蛋。

这种心理不需要后天教诲，哪怕是几个月大的婴儿，都会天然地亲近好人、远离坏人。美国耶鲁大学的心理学家让婴儿看一段录像[15]，如下图所示，录像里有个圆形要上山，有个三角形会帮它，把它推上去；但也有个正方形会害它，把它踢下来。放完录像后，实验者让婴儿在三角形和正方形中选一个做玩具，结果几乎所有的婴儿都选了助人的三角形。

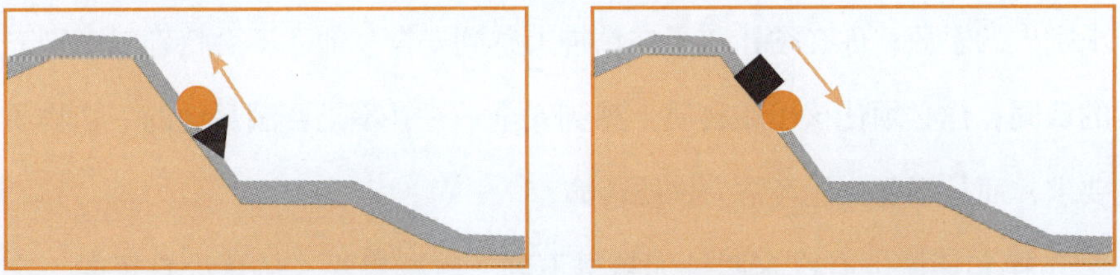

可见，**人天生就有道德观，会进行善恶判断。**这种道德观超越了直接的互惠利他，哪怕是这个人帮助或者妨害的人不是自己，我们也会本能地判断这个人的好坏，并且亲近、帮助好人，逃避、惩罚坏人。这就

⑮ Hamlin, J. K., Wynn, K., & Bloom, P.（2007）. Social evaluation by preverbal infants. *Nature*, 450（7169）, 557–559.

是公正的本能，6个月大的婴儿就已经表现出来了。

所以，你的孩子并不是暗黑小邪神，只要你一松手，他就朝无边的黑暗地狱飞速堕落。相反，你的孩子是自带善良、公正属性的小天使，在正常情况下，他都会成长为一个善良、公正的好人。之所以有些孩子长大后损人利己、冷血自私，那大多是父母和环境使劲糟蹋、用力扭曲的结果。

> 怎样保护孩子的仁善本性，使孩子发展出正向的价值观？

那么，怎么才能保护孩子的仁善本性，使他发展出正向的价值观呢？你要注意以下两点：

第一，你要分清成长型价值观和匮乏型价值观。因为所谓价值观，就是你认为什么东西最重要。那些可能会威胁孩子生存的，就属于匮乏型价值观，比如安全感。你必须让孩子在情感上感到安全，他才不会渴求别人的慰藉；你必须让孩子在精神上感到安全，他才不会特别渴求别人的认同；你必须让孩子在物质上感到安全——并不是要满足他的一切物质要求，而是不要让他经常为物质苦恼。

换句话说，有些东西，你越得不到，就越想要；越认为它重要，它在你的价值观里分量就越重。幸运的是，这类东西很少，基本都是那些威胁孩子生存的东西——这也是大自然明智的设计，对于生存安全线以下的东西，你当然要全力争取。如果一个孩子从小在物质匮乏的环境中长大，他当然应该随时处于备战状态。但是，如果你给了他基本的物质支持，那他就不会那么在意物质，而可以去发展其他价值观了。

善良、助人、公平、正直、感恩、真诚、宽恕、谦虚、合作精神等，都属于成长型价值观的范畴，你越鼓励孩子去追求，孩子就越认为它重要。因此，当孩子有这方面表现的时候，应多肯定、多表扬；而对于相反的表现，则要多否定、多批评。

第二，培养孩子的价值观，最重要的原则是身教重于言传。你和孩子说千遍万遍，不如自己做一个好人、做一件好事管用。育儿本身就是育己的过程，培养孩子的价值观，其实也是校正你自己价值观的好机会。

孩子最可能模仿的是他们认可、爱和信任的人。

那么，身教在什么情况下最有效呢？在孩子和你有高质量关系时最有效。换句话说，孩子最可能模仿的，是那些他们认可、爱和信任的人。所以，整个自主教养体系其实是相通的，发展和孩子的关系，与培养他的价值观，是相辅相成的，最终都是为了使孩子成为一个自主的人。

有人认为各种价值观都有道理，没有对错、高下之分，不应对孩子进行价值观教诲，而应由他长大之后自己去判断、选择。我反对这样的育儿观。孩子毕竟只是孩子，他的理智脑还远远没有发育好，他有善良、公正的天性，但怎样把天性发展为理性、成熟、坚定的价值观，绝对离不开家长的引导。只是在培养孩子的价值观时，要注意和他多讨论，让他多思考，父母提供必要的指导和规范。**让孩子自己构建价值观的可能性，就和你给他一支笔、一张纸，让他自己推导出微积分一样不**

切实际。

你不用担心自己的价值观过时了，或者三观不正。相信我，如果你有反省自己价值观的意识，那你已经走在很多人的前面了。你当然可以理直气壮地用你的价值观培养孩子，因为即使你不说，你的行为已经在熏陶他、引导他了。

第二节　善良：价值观的根本

我儿子小学第一学期结束时，班主任和我们沟通情况，问我对孩子如何评价。我说："我对孩子很满意，因为他虽然有这样那样的缺点，但他有我最看重的品质——善良。"

人性本善，所有的孩子，天生就有善良的本能。但是，仅仅依赖先天本能是不够的，你仍然需要有意识地培养孩子，使他变得更善良。

我推荐三个方法：第一，扩大孩子的关注圈；第二，让孩子多做善良的事；第三，以身作则，自己先做一个善良的人。

第一个方法，扩大孩子的关注圈。

关注圈就是由一个人关心的人组成的圈子，这个圈子里的人，他是关心、爱护的；出了这个圈子，他就比较冷漠了。一般来说，我们对于家人都是关心、爱护的，还有和自己感情比较深的朋友、同学，也很关爱；但是对于陌生人，或者关系一般的人，就不太在乎了。在关注圈内的人，我们无条件地关爱；而在关注圈外的人，我们经常会先想一想能有什么回报，再决定是不是帮助他们。

引导孩子多关注他人的心理感受。

善良的人，通常关注圈比较大，能够不计回报地帮助别人，替别人着想。所以，要培养孩子的善良品质，可以从帮助他扩大关注圈开始。

具体怎么做呢？你可以引导孩子多关注他人的心理感受，让孩子知道那些不熟悉的人，其实也和我们一样是有道德、有情感的人。

比如，我儿子曾经和班上的一个同学闹别扭，回来老说这个同学不好（就叫这个同学小明吧）：“小明上学老是迟到。”或者“小明连这么简单的题都算不出来。”我就问他：“小明家离学校比较远，所以他要比你早起半小时，才能准时到学校。你想想看，他早上六点就起床了，你觉得他那时候心情怎么样？”

儿子说："应该是挺烦的吧。"

我说："而且北京堵车这么厉害，他有时候快要迟到了，却堵在路上动不了，你觉得他那时候是什么心情呢？"

儿子说："肯定很着急。"

我说："是啊。还有，他那么简单的题都做不出来的时候，你看见他的表情了吗？"

儿子说："他好像也有点儿不高兴。"

接下来我就转移话题："他最高兴的是什么时候呢？"

儿子说："是大家跳舞的时候，他可喜欢跳舞了。"

就这样，儿子对小明的感受悄悄地转变了，再不是只记住他的一些行为，而是想象了他的具体感受，自然就开始亲近他了。然后我再有意识地引导儿子关注小明，比如有一天送儿子上学的路上我问他："你觉得小明现在到哪儿了？"

儿子想了想说："应该快到学校了吧，我希望他今天不要迟到。"这说明小明开始进入他的关注圈了。

这个方法也可以用在陌生人身上。我们一起去吃快餐，点餐的服务员态度不好。我们端了餐盘坐下后，我问儿子："你觉得刚才那个姐姐为什么心情不好呢？"

他一开始对这样的问题都不太适应，会直接说："我不知道。"

我就举了两个例子："我来猜吧，也许是因为她工作太累了，说不定她已经加了一夜班了；或者呢，也许她昨天晚上没睡好觉，所以现在还没恢复过来。"

儿子这下听懂了，说："啊，那也许她早饭不好吃，她没吃多少，所以现在饿了，就不开心了。"

这样一来，他就不会因为轻易把别人"非人化"，而是可以尽量把陌生人，哪怕是让自己不爽的人，也往有情感、有血有肉的方向想，就会关注而不是讨厌这些人了。

第二个方法，让孩子做善良的事。

可以参加公益活动，比如把自己用不着的衣服、玩具和书捐给贫困地区的儿童；或者就像学雷锋一样，上街扶老奶奶过街吧。更多的是日常生活中随手可做的事，比如看到路边的垃圾，把它捡起来扔进垃圾筒；在开门的时候注意后面有没有人，如果有人就把门帮他挡住；如果有小伙伴病了，给他打个电话、发个微信，或者写张问候卡片；如果班上有个同学不太受欢迎，邀请他到家里，或者和他一起去公园玩。

你也可以鼓励孩子在家里做善良的事。很简单，和他说："爸爸妈妈工作了一天，还做了晚饭，很累了，你来帮我们做点儿家务吧。"包括他自己的东西，让他自己收拾，你可以说："爸爸妈妈也要休息了，你的东西自己收拾好不好？"还有对其他家人的关心，比如："你好久没和爷爷奶奶联系了，你想他们吗？也不知道他们最近身体好不好，你要不要给他们打个电话？"

不要用物质奖励孩子的善良。

特别提醒大家注意的是，不要用物质奖励孩子的善良，而是应该让他们觉得，善良是理所应当的，他们本来就应该这样对待别人。你可以口头表扬，但是最好就是像我们一直主张的，肯定一下他们的好行为就行了。

第三，也是最重要的一条，就是我们做家长的，自己一定要做善良的榜样。

孩子每天看见父母是善良的人，才能觉得自己也做善良的事情是天经地义，不需要额外的表扬和奖赏的。

家长怎么做榜样呢？最重要的是心态的转变，就是你是否真的能把别人看成是和你一样有血有肉、有情感、会受伤的人，还是只把别人当作是你完成工作任务或者达到某个生活目标的工具，或者只是一个对你毫无影响、可以忽略不计的路人？

怎样对待别人折射的是你如何对待自己。

怎么对待别人，其实和别人没有关系，折射的是你如何对待自己，你打算用什么样的养料滋养你的内心。善良是一种能力，但它不仅仅是帮助你成功、帮助你交朋友的能力，最主要的，它是告诉你该如何度过一生、使一生充实、有意义的能力。

所以，无论孩子在不在身边，我都尽量做到善待每一个人。这并不是说一个人需要不停地捐钱，或者无休止地拿自己的时间帮助别人。在物质层面，我们做到力所能及即可，我们可以在其他方面传达善意。比如，见到每一个人都微笑，友好地打招呼，别人帮助了你说声“谢谢”，别人生病了记得关心问候，说话做事的时候考虑别人的感受，看见别人需要帮忙主动出手相助，如此而已。**你是一个善良的人，孩子也一定会是一个善良的人。**

第三节　真诚：你会向孩子道歉吗？

如何让孩子成为一个真诚的人？最重要的一条，当然是你自己要做一个真诚的人。在日常生活中，除了要注意不欺骗孩子，还有一点也很关键：犯了错误，你会向孩子道歉吗？

前几天晚上，我发现卫生间又是一塌糊涂，地面有很多水，卫生纸扔在地上，根本不能用了。我一看就火了，转身就骂儿子："你怎么又把卫生间搞得乱七八糟的？上次不是和你说了不许乱扔卫生纸吗？"还

好这时候我太太出来澄清了："不是儿子干的，是小女儿，别看她才1岁半，破坏力已经越来越强了。"我这才知道自己错了，再看儿子，眼泪已经在眼眶里打转了。

有时候你给孩子立的规矩，你自己都没能做到。比如，我要求儿子每天回家都要向家人问好，可是有时晚上我回家时却忘了向家人问好，儿子就叫起来："爸爸今天没礼貌，要扣分！"这时候你该怎样回应呢？甚至有时候是你没控制好脾气，孩子犯了个小错误，你就把他痛骂一顿，事后又后悔了，那是不是要向孩子道歉呢？

有些家长觉得，大人怎么能向孩子道歉呢？那孩子眼里还会有大人的权威吗？这个问题其实很简单，你可以想象一下，如果单位的领导犯了错误还死不承认，你是会对他更尊重还是更鄙视呢？

孩子也一样，你真诚地向他道歉，反而会使他更尊重你，更接纳你，以后会更听你的话。而且，如果父母在犯错后能向孩子道歉，这也会帮助培养孩子真诚的品格，因为他亲眼看到"哦，原来这么强大、好像无所不能的父母也会犯错，也有缺点，那我犯了错，我有缺点也没关系，向受到伤害的人道歉，并且好好改正就行了"，这样他以后犯了错误不会说谎，也不会总是把自己的缺点藏着掖着，生怕被别人发现，而是能大方自信地和别人交往，发展出真诚的品格。

向孩子道歉可以分三步走。

那么，怎样向孩子道歉呢？可以分三步走：第一步，描述自己错误的行为；第二步，交流可能对孩子造成的伤害，也就是为什么你的行为是错的；第三步，如何改正，和孩子一起商量出一个将来避免再犯这个错误的方案。

第一步，先描述自己错误的行为。“对不起，爸爸刚才错怪你了，没有调查清楚情况就认定是你把卫生间弄脏了。”“哦，对，我刚才没有向大家问好。”或者“对不起，刚才爸爸情绪太激动了，话说过头了。”

就是这样非常简单的对行为的描述就行了，不要上纲上线，就像我在第三章第七节“批评出乐观”中讲的，批评孩子要注意归因，别把暂时的、特定的、受环境影响的错误说成是永久的、全面的、本质性的问题，我们分析自己的错误时也一样，不要说什么“对不起，宝贝，我真是个坏爸爸”，或者“哎呀，你看我的记性就是这么差，总是忘记和大家问好”，如果那样说肯定会让孩子觉得你将来还会再犯这个错误。所以，你简单地描述一下错误行为，而且把它局限在这一次的特定情况，这样孩子才会对你将来的预期更乐观。

第二步，和孩子交流他的情绪。比如，“我错怪了你一定让你很委屈，你现在是不是很生气、很难过？”或者“你大概觉得有些不公平，为什么爸爸制订的原则，爸爸自己都做不到？”还有“刚才我发那么大火，可能吓着你了吧，你现在有点儿害怕，又对我很生气吧？”这么做也是为了说明，为什么你的行为是错的，因为你伤害了他，同时他感到自己的情绪被你接纳了，他的怒气也就消失了一大半。

最重要的是第三步，和孩子商量以后如何避免出现类似错误。比如，给孩子一个保证："我保证以后责怪你之前一定要先把情况调查清楚。"或者提出一个建议："来，你来写一张纸条吧，贴在门口，提醒以后每个人回家时都要和大家打招呼。"也可以和孩子一起讨论："我们来讨论一下，我以后怎样才能避免发脾气，你有什么好的建议吗？"

这时候你可以把主动权更多地交给孩子："你能做些什么，帮助爸爸改正这个缺点呢？要不以后我们约定个手势，你一看爸爸要发脾气了，就做出这个篮球里面的暂停手势，然后爸爸就明白你的意思了。"这些都是既锻炼了孩子和你合作讨论解决问题的能力，又亲身给他示范了，犯错误不可怕，关键在于如何改正。

向孩子道歉要注意：不要找借口，不要用物质贿赂孩子，不要逼孩子接受。

第一，不要找借口。道歉必须是真诚的、无条件的，错了就是错了，不要找各种借口辩解，甚至又怪到孩子头上去了。比如，我上次错怪了孩子，可不能这么道歉："对不起，爸爸错怪了你，但那也不能怪爸爸啊，谁叫你以前总是把卫生间弄得乱七八糟呢？"

这哪里是道歉，不还是在责怪孩子吗？或者像我回家忘了和家人问好，就不能说："哦，对不起，我忘了和大家问好了。不过你还不如我呢，我也就是今天忘了，你几乎每天都忘！”

道歉的时候，就集中在这次错误的行为上，不要把道歉又转化成一次教育孩子的机会。要记住，这次是你错了，如果你一定要教育孩子，也是在示范如何道歉，而不是扯到他的错误上去。

第二，不要用物质来贿赂孩子。你认识到自己错了，很内疚，很多家长就容易走到另一个极端：“哦，对不起，宝贝，妈妈错了，我给你买个巧克力蛋糕赔罪好不好？”

这就违背了刚才说的原则，就是道歉应该是集中在你的错误行为上，而不仅仅是为了让孩子高兴起来。你在跟孩子解释为什么你的行为是错误的时候，会跟他交流他的感受，他也觉得自己很受伤，但如果你用物质让孩子高兴起来，就偏离了问题的本质了。因为我们要让孩子知道，一个人犯了错误，他的弥补方法应该是改正这个错误，而不是用物质来掩盖这个错误。重点在于“我的缺点需要改正”，而不是讨好对方。

第三，不要逼孩子接受。如果有时候孩子很生气，就是不接受你的道歉怎么办？那也没关系，给孩子时间，千万不要逼孩子原谅你。“喂，你不要太过分啊！妈妈都道歉了，你还要怎么样？”甚至掉入到前面两个坑里：“你生什么气？你也要反省反省你自己！”或者“好了，别生气了，我给你买玩具吧。”

大家想想自己，是不是有时候别人伤害了你，他跟你当面道歉了，你碍于情面，也接受了，但其实心里还是生气生了很久呢。孩子不会伪装，有时候就是不接受，那就再等等，至少，你跟他道歉这个行为，会让他生气的时间大为缩短。等过一段时间，他的注意力转移了，你可以再回到这个问题上来，跟他商量如何避免你再犯这个错误。这样呢，他就知道你是严肃、认真地在对待自己的错误，就不会再生气了。

最后，总结一下。大人犯了错误，也应该向孩子道歉。具体分三步：第一，描述错误行为；第二，交流孩子的情绪；第三，商量解决方案。同时注意“三不要”，就是不要找借口，不要用物质贿赂孩子，不要逼迫孩子接受。父母这样向孩子道歉，有助于孩子真诚品格的培养。孩子以后犯了错误也不会去掩盖，而是知错就改，更加大方、自信地与人交往。

第四节　公平：孩子经常抗议不公平吗？

自从小女儿出生，儿子就经常抗议这不公平、那不公平，比如，为什么他晚上必须按时睡觉，早上不想起床也会被从床上拖起来，小妹妹就可以随时想睡就睡、想起就起？为什么他必须完成那么多任务，我们还要提出更多要求，而小妹妹只不过是能够自己走两步了，我们就夸奖不已？

听上去很不懂事，是吧？相信你也常被孩子各种不公开的抗议所困扰。**孩子虽然抗议不公平，但其实在他们的心目中，“不公平”的意**

思就是“对我不利”。如果你要切一个蛋糕给两个孩子吃，一个孩子的蛋糕大，一个孩子的蛋糕小，肯定是只有拿到小份蛋糕的孩子会抗议“这不公平”，拿到大份蛋糕的孩子会觉得：“你说啥？我觉得很公平啊。”所以，家长需要在孩子的成长过程中，帮助孩子逐渐发展出真正的公平观。

如何帮助孩子发展出真正的公平观呢？第一，讲道理；第二，让他亲身体验；第三，大人要以身作则。

第一，给孩子讲道理。

最重要的道理，就是要让孩子认识到，公平不等于一模一样。比如我儿子的抗议，我就会跟他解释：“这是因为你和妹妹的年纪不一样。对你是大小孩的要求，对妹妹是小小孩的要求，你要是觉得不公平，你看看妈妈对我的要求呢？我不但要像你一样按时睡觉、起床，还要去工作，还要帮你辅导作业，还要给小妹妹换尿片，还要会开车，带你们出去玩。不过，你现在还小，所以就没有这些要求啦。”

讲道理有个捷径，就是在他占便宜的时候讲。比如圣诞节，他收到了圣诞礼物，特别开心。我就叹了口气说：“圣诞老人真不公平，只给你送了圣诞礼物，我和妈妈都没有收到。”

他说：“可是圣诞老人就是只给小孩送礼物，不给大人送的啊。”

我说：“那小妹妹呢？她也是小孩，她为什么就没有收到礼物呢？”

儿子想了一会儿，说：“因为她还小，给她礼物她也不知道啊。”

我说：“嗯，你说得有道理。那看来圣诞老人还是公平的。”

儿子立刻点头说：“对啊，圣诞老人很公平的，他知道谁需要礼物、谁不需要。

从那次谈话到我现在写这一节文章，十几天了，他再也没有抗议过不公平。这是因为我一开始讲的，孩子只会在自己吃亏的时候抱怨，却记不住自己也有占便宜的时候。所以，如果我们抓住他们占便宜的时候，跟他们一起讨论公平的道理，就会事倍功半。

第二，让孩子亲身体验公平的过程。

换句话说，不要让孩子只是被动地接受大人的决定，然后感到公平或者不公平，而是让他自己给别人公平，这样他就能从不同的角度理解公平了。

最简单的一个方法，就是在家里要分东西的时候。比如吃蛋糕，定一个规则，切蛋糕的人得最后一个挑蛋糕，让孩子自己决定，你是要当切蛋糕的人，还是第一个挑的人？

我儿子很有意思，每一次都选择切蛋糕。当然，每次他切出来都无比精准，偶尔有大小差得比较多的时候，他都赶紧从大的上面切一小块补到小的那边去，真是全世界都找不到比他更公平地分蛋糕的人了。

这就是让他亲身体验到公平是要对每一个人，而不仅仅是对他自己。

公平的另一层含义是要遵守规则。公平并不一定意味着结果相同，但是过程一定要公正。所以，我常和孩子玩一个游戏，就是让他随意发明游戏，由他确定规则，规则一旦定下来就不能再改，看他能不能遵守。

比如，他发明了一个游戏，在家里把气球当羽毛球，用球拍打着玩，规则和羽毛球一样，中间划一条线，球落到自己这边就算输。打了一会儿他说："不行，爸爸你力气大，你打的我经常接不到，我的界限应该比你小。"

我说："你说得有道理，但是刚才你已经把规则定好了，就不能再改了。要改的话，得把这局打完，我们俩一起商量着改。"

这就是教他，你不能既当运动员又当裁判员。制订规则的时候大家要考虑充分，但是一旦制订好了，哪怕你觉得不公平，也不能说改就改，而是要得到大家的同意。

这个方法当然不只限于玩游戏，我们家里平时制订关于孩子的规则时，也会征求他的意见，让他觉得公平合理再实施。这样一方面是减少将来执行的阻力，另一方面讨论是个谈判妥协的过程，他有他的想法，但爸妈也有爸妈的想法，怎么办？只能是把大家的想法都照顾到。这个过程能让他更好地理解公平的复杂性和艰难性，可不是自己吃亏就是不公平、自己占了便宜就是公平那么简单。

第三，家长要以身作则。

大人为孩子示范公平，最重要的就是不要像孩子一样，只要顺了自己的心就是公平、对自己不利就是不公平。比如，你只是为了自己的方便，也不跟孩子商量就制订一些规则，那孩子怎么可能感觉公平呢？

你对孩子的要求，也要有公平的处理。你要让一个3岁孩子达到6岁孩子的要求，这也是不公平的。包括在公平这件事上，两岁的孩子还没有公平的概念，三四岁的孩子有了公平的概念，但是理解不正确，这时候你不要强求他讲理，而是可以顺势引导。比如孩子说："我四岁了，是大小孩了，还要我睡午觉，这不公平！"你可以说："嗯，对，你是大小孩了，不用睡午觉了，那就跟大人一样，在中午都有个安静时间吧。你躺在床上不要出声音，睡不睡觉随你呦。"

到了五六岁，他就应该更加明白，公平是他和别人之间的比较，而不是他有没有称心如意了，但他仍然不能完全掌握公平的概念，而只知道具体的事情让他不满意。比如他会说："为什么小明可以晚上九点才睡觉，我八点半就要睡觉？"这时候你就可以跟他讲一些"公平不等于一样"的道理了，"因为小明家离学校近，所以他只要早上七点起来就不会迟到，我们要六点半起床，才能不迟到，所以我们必须比他早睡半个小时，大家情况不一样。"

这就是关于公平观的培养，总结起来有三点，第一，讲道理，公平不等于一模一样，也不等于自己占便宜，这些道理在他占便宜的时候讲更有效；第二，让他亲身体验公平，比如让他分东西，让他制订规则；第三，大人要以身作则，可不要跟孩子一样，忽略孩子的需求，把自己方便当成公平，而且要根据孩子年龄的不同，逐步调整公平培养策略。

第五节　物品所有权：孩子抢玩具怎么办?

我经常听到家长问两类问题，一类是："我家孩子总是抢别人的玩具，怎么办？"还有一类是："我孩子总是被别人抢了玩具也不知道还手，怎么办？"

对于这两类问题，我首先都要问孩子多大了，如果是4岁以前，其实这些都是正常的，因为这个时候孩子正在发展自我概念，而幼儿的自我概念是跟他拥有的东西相关的。比如说，如果你让一个3岁的孩子介绍

> 无论孩子是喜欢抢别人的东西，还是东西被别人抢了不反抗，我们的应对之道都要根据孩子的年龄而有所不同。

自己，他可能会说：“我叫小明，我3岁了，我有一个托马斯火车。”

所以，各位家长不用焦虑，孩子抢别人玩具，不是因为他坏，而是因为他不知道这个东西不是他的。他把它一把抢过来，是为了通过占用物品体验自我的存在感。孩子的玩具被别人抢了也不反抗，并不一定就说明他胆小怕事，而更可能是因为他还没有建立物品所有权的概念，不知道这个东西是属于自己的。

换句话说，他只有“这个东西不能玩了”的烦恼，并没有“我的东西被抢了”的愤怒。这正是教他物品所有权概念的好机会。

如果是他的玩具被别人抢了，必须坚决地向对方要回来。如果必要的话，得和那个孩子的家长说“你们家孩子抢了我们家孩子的东西，请你让他还回来”。

因为这不是一个玩具的事，而是孩子要确认这个东西是否属于自己。为什么有些孩子不乐于分享？原因之一就是小时候他们的东西经常被大人强迫分享给别人，所以下次他们拿到自己喜欢的玩具，就必须得小心翼翼地保护着，害怕又被别人抢走了。如果在一开始你就坚决捍卫他的物品所有权，他就能明白：“哦，这个东西是我的，谁也抢不走，抢走也还会回来。”这样他以后反而会更乐于分享。

这个规则，甚至连大人也要遵守。你给孩子买的玩具，是属于孩子的，如果你想给其他小朋友玩，要先征得孩子同意。如果孩子不愿意给其他小朋友玩，不要逼他分享（这里指四岁以下的小朋友）。如果玩具已经被其他小朋友拿走，你可以跟对方家长商量一下，把玩具拿回来，跟孩子说："嗯，对，这个玩具是你的，但是可不可以让他也玩一会儿呢？他还会还给你的。"

反过来，**对于抢别人家玩具的孩子，**也正是一个帮他建立物品所有权意识的好机会。**无论对方小朋友和家长有没有抗议，这个时候家长都应该干预：**"这是人家的东西，他同意你玩了吗？"如果对方不同意，那就要督促他归还。

大家不要觉得这会是对孩子的打击，或者看他哇哇大哭，于心不忍。这并不会对孩子的心理造成伤害，反而是在帮助他理解自我和别人的边界。

需要提醒大家的是，在干预孩子的行为时，不要有太多的道德判断，比如"这个孩子霸道""那个孩子胆小"。除了刚才说的，孩子还不知道物品所有权这个概念之外，他们抢东西还有一个原因，就是他们

在干预孩子的行为时，不要有太多的道德判断，要教给孩子如何社交。

不知道该如何表达。

这在我小女儿身上非常明显。她才1岁多，家里最喜欢的人就是哥哥，但她表达喜欢的方式是什么呢？是看见哥哥就凑过去，一把把哥哥正在玩的东西抢过来。稍微大点儿的孩子其实也差不多，他们还没有学会社交用语，想和其他孩子玩，但又不知道该怎么说，于是就动手拿其他孩子正在玩的东西，这其实是想引起别人注意的一种方式，是用行动在说："喂，我来了！"

孩子的东西被抢了也不知道反抗，很多时候也是出于同样的原因，就是他们不知道该如何反抗。因此，如果他们对那件玩具也不是特别喜欢，被抢走也就算了。所以我们要做的不是进行道德判断，然后带着情绪干预，而是教给孩子如何社交。

最好的方法是在家里先练习。孩子玩一个玩具，你问他："这个玩具可以给我玩一会儿吗？"或者"我可以跟你一起玩吗？"如果孩子拒绝，你可以假装自言自语地说："哦，你不愿意把这个玩具给我，那我去找其他玩具玩吧。"然后你可以跟孩子对调角色，把这些场景多预演几次，下次他遇到类似的情况就知道该怎么处理了。

孩子的东西被别人抢也是一样的，事到临头再对孩子说："去抢啊，哭有什么用！去把它玩具回来！"那只会把事情弄得更糟，你的情绪会让孩子更害怕。还是需要在家里先练习，比如爸爸从妈妈手里抢玩具，妈妈护住玩具说："不行，这是我的，你不能抢！"开始几次爸爸可以就这么放弃了，让他看到，你可以用言语把别人打退。在他学会了这招之后，你可以再进一步，让爸爸在妈妈抗议之后仍然把玩具抢过来，然后妈妈可以去邀请孩子来干预。当然，这个时候孩子扮演的就是老师或者家长了。

不过，这些方法都是针对4岁以下物品所有权和社交技巧还没有发展起来的孩子。4岁以上的孩子，如果抢别人的东西，还是要当作错误来纠正，就是之前我们介绍过的，批评加让他承担自然后果，把东西还给别人并且道歉。如果反过来，他的东西被别人抢了也不知道还手，那就要注意多练习前面讲的方法，让他学会怎样抗议和找大人干预。

总结一下，无论孩子是喜欢抢别人的东西，还是东西被别人抢了不反抗，我们的应对之道都要根据孩子的年龄而有所不同。从孩子两岁开始，就要让他确认物品所有权，不要强迫他分享。2～4岁期间，要帮他发展物品所有权概念，如果他抢了别人的东西，一定要他还给别人；如果他的东西被抢了，一定要坚决要回来。在这个期间，也要反复教孩子怎么向别人表达友好和抗议，这样一来，每次他跟其他小朋友发生了冲突，反而是他锻炼公平观的一个机会。

2岁：确认物品所有权；2～4岁：发展物品所有权概念。

第六节　孩子打人或者被人打了，怎么办？

——“我家孩子被其他小朋友打了也不知道还手，该怎么办？”

——“我家孩子总是打其他小朋友，怎么办？”

这又是家长经常问我的两个问题。和上一节很像：一半家长担心自家孩子欺负其他孩子，另一半家长担心自家孩子被其他孩子欺负——难道就没有一个正常的孩子吗？

当然不是，你看我们长大后都很正常，既不欺负人，也不让别人欺负。为什么小朋友之间总会发生打人和被人打的事呢？因为这是幼儿的正常现象。

为什么孩子之间总会发生打人和被打的事？

儿童2岁半以后语言能力开始突飞猛进，但离社交所需要的复杂的表达还差很远，所以**孩子在需要和别人打交道的时候，不知道该怎么说，只好用他们最习惯的方法，就是身体语言。**

比如我女儿，现在才1岁多，跟我们在一起玩得开心了，会拿起我们的手臂啃一口。稍微大点儿的孩子也一样，在4岁以前，有时候打其他小朋友，并不是表示他讨厌其他小朋友，相反，是在用他这种方式表示友好。而且很奇妙的是，你可能也能观察到，有时候被打的孩子一点儿都不在意，转过身来就和打他的孩子一起玩起来了。这并不是说被打的孩子就怯懦、没用，而是因为两三岁的孩子习惯用身体表达，他知道对方只是打个招呼。

孩子经常打人的第二个原因，是他们习惯于自我中心。两三岁的孩子还不能体会别人的感受，所以他不知道自己的行为会给其他人造成什么影响或者伤害。他打别人一下，他不疼，他就以为别人也不疼。能够感受别人的能力，叫共情能力，也有人把它叫同理心，两岁以后才开始发展，而且需要发展很长时间，三四岁的孩子是很难想别人所想、感受别人所感受的。

第三，孩子的社会认知能力不足。在3岁以前根本不理解那些复杂的社交规则，所以他根本不知道打人是错的。同样的，被打的孩子有时候也不会愤怒，因为他不觉得这是一件多大的事儿。

所以我们大人在干预的时候也要注意，在4岁以前，如果孩子相互之间打几下，并没有哪个孩子生气了、哭闹了，我们就不用太紧张，这是他们之间的游戏。当然，如果有孩子生气了，那就表示他认为对方是恶意的，他被欺负了，无论对方是不是真的有恶意都要干预。4岁以后的孩子，他们应该已经逐渐学会这些社交规则了，如果还经常打人或者被打后不知所措，就一定得干预了。

4岁以上的孩子被打，家长如何干预？第一步，安抚孩子的情绪；第二步，和对方家长一起商量解决。

怎么干预呢？是对着孩子喊“打回去”？当然不是，因为你这么喊，只会让情况更糟。这么喊的父母，其实都是从自己的情绪出发，觉得自己的孩子受欺负了，发泄自己的愤怒。而孩子在这个时候可能更多的是困惑和害怕。他还在那里瑟瑟发抖呢，你又朝他吼，这不是让他更害怕吗？所以，这个时候你**首先要安抚他的情绪**，比如说："他打了你，你是不是很生气？"因为如果孩子不生气，那就说明他认为对方是在跟他玩，那除非我们很有把握对方是恶意的，否则就不用人为干预小朋友之间的游戏。

如果他生气了，觉得委屈了，都快要哭了，这个时候就需要我们大人的干预，而且也需要我们大人的一点社交智慧，**和对方家长一起商量解决。**针对前面提到的三点原因（孩子语言表达能力不足，喜欢用身体语言；孩子共情能力不足，想不到自己对别人的伤害；孩子的社会认知能力不足，不知道打人是错的）对症下药。

双方家长应该一起教两个孩子："你为什么要打他？"那个孩子可能会说："因为他骂我笨蛋！"那我就会说："哦，他骂你笨蛋是他不对，我让他跟你道歉。不过，你可以跟大人说，他骂人，但是你不应该打他哦。所以你也要跟他道歉。你们两个一起道歉好不好？"或者呢，如果对方的理由不成立，比如"我想要玩这个玩具，他不给我。"那就直接批评他，然后要求他道歉。

当然这需要对方家长的配合。如果你正好遇到一个熊家长，养出了一个熊孩子还自鸣得意，觉得自己的孩子到哪里都不吃亏，那你首先还是要坚持让孩子知道，虽然对方不认错，但他打人确实是不对的；其次，以后就把这家人拉黑吧，咱们惹不起还躲不起吗？以后多跟育儿理念相同的人交往，也免得跟熊孩子在一起玩反而把你家孩子带坏了。

4岁以上的孩子打人，家长如何干预？第一步，教给孩子言语表达的方法；第二步，培养孩子的共情能力；第三步，让孩子承担打人的后果（道歉）。

如果是我的孩子打了别人，我也是采取同样的方法，就是**首先教他言语表达的方法：**“哦，你要这个玩具他不给啊？那你可以和他说‘这个玩具是幼儿园的，要大家轮流玩，你还要再玩多久呢？’如果他老是一个人占着这个玩具不放，那你可以找老师或者找其他大人，但是不应该打人哦。”**然后你就可以进入第二步，培养孩子的共情能力了：**“被打的人是很疼的，你看你打了他胳膊，我要是也打你胳膊一下，”这个时候你可以打他胳膊一下，当然不能太重，别把他打坏了，但也不能太轻，得让他感到一点儿疼痛，然后继续和他说，“是不是挺疼的？他也疼啊。所以打人是不对的，你要向他道歉。”**这就是最后一步，讲道理以及让他承担后果，培养他的社会认知能力。**

这样处理当然很麻烦，而且还需要你在家里多练习，才能让孩子知道下次被人打时该怎么处理。这样做肯定没有打回去这么直截了当，也没有打回去这么解气。但是，简单地打回去是以暴制暴，会让孩子以后过于警惕，对于别人无心的冒犯或者开玩笑也会打回去。好像让他手里握着一把扣开了扳机的枪，随时准备开火一样，太紧张了。你耐心地从孩子的心理出发，先确认他的情绪，然后逐一培养他的语言能力、共情能力和社会认知能力，这不仅解决了问题，而且能让他的社交能力变得更强，不是更有效吗？

第七节　原谅：记仇不可怕，只要能原谅

都说孩子不记仇，上一分钟还在吵架，下一分钟又开心地玩在一起了。这当然没错，可是，你大概也发现了，随着孩子长大，他对于坏事的记性也越来越好了。

我儿子小时候和哪个小朋友都玩得很好，冲突当然是免不了的，但是真的是一分钟后就和好了。4岁以后，他跟小朋友发生冲突后，生气的时间就逐渐越来越长了。到了5岁，他已经会回家后还说："今天在幼儿园里×××让我很生气！""我再也不跟×××玩了！"

更不用说，我们在家里也会发生冲突。父母有时会错怪孩子，或者一怒之下打骂孩子。我在本章第三节"真诚"里讲到如何给孩子道歉，但是道完歉孩子还是生气怎么办？

比如，我的小女儿才1岁多，有时候趁着大家不注意，把哥哥好不容易搭好的积木哗啦一下全推倒了，惹得哥哥生气抓狂，怎么说哥哥也不肯原谅怎么办？

在这里我还是要建议各位父母朋友，不要着急。**孩子开始记仇了，这是正常现象**。要是孩子一点儿都不记仇，被人欺负了也不知道下回预防着，吃了亏也不长记性，那不更糟糕吗？记仇也是一种社交能力，让他知道，哪些人对他做过不好的事情，以后跟这些人打交道要小心。

让孩子学会原谅要注意避免以下三点：第一，原谅对方不等于不要对方承担后果；第二，原谅不等于忘记；第三，不要催促孩子原谅。

所以，如果你家孩子从以前那个天真无邪的小宝宝，变成开始记仇的小心眼，没关系，那是他记忆、分析和社交能力提升的表现。我们要做的不是让他不记仇，而是让他学会原谅。

第一，要孩子原谅对方，不等于就不要对方承担后果。

如果是对方抢了孩子的玩具，首先要让对方把玩具还回来；如果是对方打了孩子，要跟对方父母商量怎么制约他。总之要让对方先说“对不起”之后，才引导孩子说“没关系”。

在家里也是一样的。父母做错了事，也要道歉、承担后果，哪怕是1岁的小妹妹打翻了哥哥的积木，她不能承担后果，那大人也要注意：“是我没有把两个孩子的地盘划分好，或者没有把小妹妹约束好，让她跑进了哥哥的地盘。”总之就是要找出自己的责任，向孩子认真说明，郑重道歉，这才可能得到孩子的原谅。

如果在对方还没有承担后果的情况下，你就要孩子原谅对方，那孩子肯定会觉得不公平，就算你最终强迫孩子原谅了，他也只是暂时把自己的愤怒隐藏起来了，将来很可能会更猛烈地爆发出来。

第二，原谅不等于忘记。

如果孩子说："我不和小明玩，他上次抢我玩具！"你不能说："哎你怎么这么记仇呢？他上次不都向你道歉，你也原谅他了吗？"

要知道，记住别人以前的行为，并且以此来预测他下次的行为，这是人类的正常策略，这说明孩子对于坏事有正确的反应。而原谅属于心理范畴，我们希望孩子能原谅别人，不是为了要让别人感觉良好，也不是为了要维持表面的和谐，而是为了孩子的健康成长。因为如果你不原谅别人，心里就会堆积太多的负面情绪，过去的那些不愉快的经历、那些讨厌的人，时不时地会从你的心里跳出来咬你一口，这不仅影响你的心理健康，还会影响你的身体健康。更不用说，能够原谅别人的孩子，会有更多的朋友，做事不太受情绪的影响，将来也会更成功。

所以，我们应该在心理上尽量原谅别人，但是，在行为上还是要坚持原则。这也是为什么刚才我说，不要强迫孩子在对方还没有承受自然后果时就原谅他。他做了错事，别人记住了，下次不跟他玩了，这不也是自然后果的一部分吗？我们也同样地不该强迫孩子忘记冲突，那违反人的本性，是错误的社交策略。

第三，不要催促孩子原谅。

归根到底，原谅是一个心理过程，而不是一个行为事件。也就是说，它需要时间。心理受到伤害很容易，但痊愈却很慢。

所以，如果孩子当时说："我原谅你了。"但是过了几天，还是闷闷不乐，又跟你说："我还是讨厌小明。"你不要怪他："咦？你不是明明都原谅他了吗？怎么说话不算数呢？"你要这么说，以后孩子就不跟你说心里话了，因为心理过程是无所谓说话算数不算数的，孩子自己也控制不了，你只能耐心地继续开导他，帮助他发展原谅的能力。

如何发展孩子原谅的能力？第一，教给孩子原谅的方法；第二，帮助孩子解决问题；第三，父母要以身作则。

第一，教给孩子原谅的方法。

原谅不是简单的一句"没关系"或者"我原谅你"就完了，它包括感受、原谅和希望。比如说："小明，你刚才抢我的玩具让我很生气。我原谅你了，但是我希望你以后不要再抢我的玩具了。"

为什么要采用这样的结构呢？因为孩子在冲突中肯定有情绪，你一定要让他把情绪表达出来，虽然我们要引导他原谅，但不把愤怒、委屈、难过这些负面情绪先清扫干净，就匆匆忙忙地要他原谅，只能适得其反。原谅了之后还要强调"我希望你以后不要再犯了"，这会让孩子有一种力量感，就是"我这次选择了原谅你"，条件是"你也要变好"，不然下次就不一定了。孩子能感到自己给对方施加了影响，那么这次冲突他就不是一个单纯的受害者，而是一种平等的互动。

怎么才能使孩子对希望的表达以及力量感更到位呢？**那就是我们要做的第二点，帮助孩子解决问题。**比如像上文举的例子，小妹妹推倒了哥哥的玩具，大人要帮助他们找到问题的根源，是双方的边界没有划好，还是大人没有照看好？然后根据问题，制订预防措施，这样他才会觉得，哦，这个问题将来是有可能避免的，也更容易原谅。

要知道，孩子不肯原谅，有时候不见得是小心眼，而可能是出于害怕。如果一个问题将来很可能再重复出现，那他当然要记得更牢一点儿。怎么帮他记得牢呢？就是记仇。你记不住这个人当初干了什么坏事没关系，你记住他是个坏人就行了。这是进化给我们设计的捷径。但是，反过来，如果你为他解决了问题："哦，小明抢了我的玩具，但是

他又把玩具还回来了，他妈妈严厉批评了他，那看来没什么大不了的，就原谅他吧。”

最重要的是第三点，就是我们做父母的，要以身作则。你自己是个宽容的人吗？你在孩子面前会说同事的坏话、会翻朋友的旧账吗？你跟配偶吵架，会记仇吗？尤其是，孩子犯错后，你会原谅他吗？

这个原则大家现在当然也都很熟悉了，就是我在这本书里反复强调的育儿育己。让我们跟孩子一起成长，**在原谅的时候要注意说出三部分信息：1. 表达我受伤的情感；2. 原谅你；3. 希望你将来不要再犯，然后把注意力放在问题的解决和预防上。**在鼓励孩子原谅的时候，也要注意不要犯三个错误：把原谅当成不要对方承担后果，把原谅当成忘记，或者催促孩子原谅。

第八节　欣赏：看到别人的优点

写到这一节时，正值春节前夕，马上就要带着孩子拜访亲戚。亲戚见了孩子，肯定也都会给点儿压岁钱、见面礼之类的，每当这时我就会头疼：大人之间人情往来，我们都会回礼，但是孩子给大人回什么礼呢？

去年春节的时候，我想到一个好主意：回欣赏的礼。具体地说，就是让孩子想一想，这位亲戚有什么优点，然后给他发一张奖状。奖状上的字孩子不会写没关系，我帮他写，但是他可以贡献插图，并且给奖状签名。

比如，过年时在外婆家，他给外婆发的奖是最佳烧饭奖，奖状上画了一碗米饭；给外公发的是最勇敢剪黄鳝奖，因为那天中午大家吃的黄鳝虽然是外婆烧的，但却是外公剪的，他在旁边目睹了全过程，印象深刻，对外公的胆量大为佩服；给舅舅发的是最佳开车奖，因为在外婆家时都是舅舅开车到处接送，奖状上画的是一个人在开车；给舅妈发的是最佳做蛋糕奖，因为舅妈自己会做蛋糕，儿子非常喜欢；就连表哥也有一个最佳小孩控制电脑奖，因为表哥比他大三岁，已经可以在电脑上玩各种游戏了，让他既羡慕又佩服。

大家收到他的奖状都特别高兴。现在是注意力经济年代，注意力比金钱还要宝贵。大人给孩子礼物，孩子不能拿物质回报，就用欣赏来回

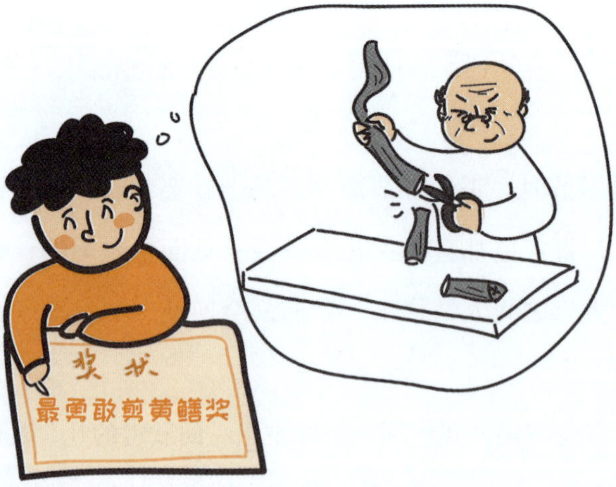

报，这说明他注意观察你，并且为你总结出了一个优点。这不仅是给别人的一份好礼物，而且也培养了孩子欣赏的能力。

欣赏的能力，不仅仅是指孩子欣赏艺术、欣赏美、欣赏自然景观的能力，更重要的是他欣赏别人的能力。能够看到别人的优点，并且总结、表达出来，不仅能使孩子变得更谦虚，有更多的朋友，将来还能让他更成功。

学会欣赏别人，不仅能使孩子有更多的朋友，将来还会更成功。

所以，你应该利用走亲访友的机会，培养孩子欣赏别人的能力。我推荐三个方法，第一是从人到优点，就是为一个具体的人找出优点；第二是从优点到人，就是为一个优点找出具有代表性的人；第三是你自己以身作则，为孩子示范如何找到别人的优点。

第一个方法，从人到优点。就是为一个人找到优点，比如刚才说的发奖状。你还可以利用平时读书、看电影等机会，问问孩子那些虚构人物有什么优点。比如，读了一段《西游记》，问问他在这段故事里孙悟空有什么优点；看完《疯狂动物城》，问问他兔子警官有什么优点。

第二个方法，从优点到人。就是给孩子说一个优点，让他想想周围的人，或者虚构的故事中的人，谁有这个优点。比如你可以问他：“你觉得这次过年遇到的人里面，谁最谦虚呢？”或者“你们班上的同学谁最有毅力？”

有时候他听不懂这些词，比如他会问：“毅力是什么意思？”那你就可以先举个例子，“毅力就是坚持做一件事情，不成功就不停下来。比如《西游记》里的唐僧，他就很有毅力，从中国出发，穿过沙漠，翻过雪山，走了好多年，到印度去取经。你觉得你们班同学谁比较像他呢，遇到困难也不放弃，能坚持到底的？”

这个方法也可以跟前面方法里的故事结合起来，在看完《疯狂动物城》后，你问他兔子警官有什么优点，他也许会说“勇敢”，那你就可以问他：“那还知道有谁比较勇敢吗？无论是你身边的人，还是你看到的故事的人？”用这些方法，就是找出各种优点的榜样，让他更感性地认识到，这些优点是什么意思，别人是怎么做到的。

第三个方法，给孩子示范怎么欣赏别人。比如过年的时候，带着孩子走亲访友，大家在饭桌上一起聊天，你就可以注意多让别人说说他们的优点，让孩子听到别人的优秀故事。当然这不用直接说：“哎，老张，你有什么优点？”只需要你很自然地问别人工作的细节。

比如说：“哎呀，你每天都要五点起床去单位啊，你怎么做到的？”在对方说了之后，你就可以对孩子说：“你看，王叔叔多勤奋啊！”或者：“哇，宝宝，你还记得坐高铁回来的时候，火车下面那些大轮子吗？就是李阿姨她们造的哦！”孩子一定会“哇”地惊叹，你就可以引导说：“哎，你要不要问问李阿姨是怎么做出来的呢？”然后就可以在别人叙述的时候总结她们的优点了。

你自己被大家夸奖的时候，也可以自然地表示谦虚，强调别人的优点。方法很简单，不用贬低自己的贡献，也不用夸大别人的成就，实事求是地描述大家的贡献就好。比如，你给饭桌端上一条热气腾腾的红烧鱼，大家都“哇”，纷纷夸你厨艺好，你不用说：“哪里哪里，其实味道一般。”而可以说：“这也不是我一个人的功劳，是外婆一大早就上街去买鱼，所以才买到这么鲜的鱼；外公很勇敢，帮我杀了鱼；还有妈妈帮我打下手，切葱花、切姜丝，才烧出来的。”

就这么简单的言行，足以让孩子注意到周围其他人的贡献和优点，而不只是沉溺于自己的世界，只看到自己的价值。

当然，最后我也要补充一下，欣赏优点，也包括欣赏自己的优点。孩子也应该能够认识到自己的长处，为自己感到骄傲。所以，在去年发奖状的活动中，我让儿子也给自己发了奖状。他给自己发的是“最佳骑自行车奖”，因为他很喜欢骑自行车，也认为自己骑得很好。然后他又给自己和表哥一起发了一个“最佳轮滑奖”，因为表哥上轮滑班，轮滑

非常棒，他也跟在后面一起滑，觉得自己也不错。欣赏别人，也欣赏自己，这才是全面的欣赏嘛。

第九节　感恩：别把内疚当成感恩

育儿中的一大烦恼，就是孩子不能体会你的苦心，一管他，他就有怨言。昨天晚上儿子就跟我说："爸爸，你怎么对我这么不好啊？"我是饿着他了呢，还是打他了呢？都没有，我就是催他赶快做作业，不许他再玩了。

这可不是我一个人的烦恼，很多家长都来问我："怎样才能培养孩子的感恩之心？我为孩子连心都快掏出来了，他却觉得父母的付出都是理所当然的，一点儿都不知道感恩。"

如何培养孩子感恩呢？这里面有一正一反。我先说反面，就是有一种情绪，像影子一样总跟着感恩，那就是内疚。在本书第三章第三节"激发内疚"中已经讲得很清楚了，我们在培养孩子感恩的时候，要特别注意，不要反而激发了孩子的内疚。

比如，社会上有些号称做感恩教育的机构，其实是挂羊头卖狗肉，做的是内疚教育。他们让孩子列数父母的付出，再想想自己给父母的回报，果然孩子一个个都开始痛哭流涕。主办方那个得意啊，和孩子父母说："你看，钱没白交吧，他们现在多知道感恩啊！我们培训通知里让家长三天不要洗脚，你没洗吧？来，坐下，孩子就要过来给你洗脚了！"

这些所谓的感恩教育激发的不是孩子的感恩，而是内疚。**感恩是一种正面情绪，而内疚是一种负面情绪**。你看那些所谓感恩教育的照片就能看得出来，真正感恩的孩子，脸上应该是微笑、感动、升华、爱的表情，它会让你感动得热泪盈眶，但绝对不会让你号啕大哭。能够让你号啕大哭的，只有内疚。这也是为什么那些感恩教育的照片里，孩子的脸上都是紧张、难过的表情，因为这个时候他们的心中是内疚这种负面情绪。

从心理学上说，一个人觉得感恩，和他对对方意图的了解程度有关。

如何才能让孩子真正感恩呢?

第一，对方必须不图回报。如果图回报，那引起的就是负债感。如果这个债又还不了，那就会引起内疚感。这就是那些所谓的感恩教育最常用的套路：“爸妈对你们这么好，你给他们什么回报了？”

你说说，谁被这么一问会不蒙，因为几乎所有的孩子给父母的回报都远远比不上父母对他们的付出。那怎么办？难道孩子也要像爸妈那样挣钱养家、烧三顿饭、换尿布吗？那不可能啊，于是你就内疚吧。

所以，父母不能让孩子觉得“我对你好，是希望你能学习好，是希望你能给我们争一口气”，那孩子就不会感恩了。他觉得双方是在做交易，你养我，然后我为你学习，为你争气。你应该给孩子无条件的爱，让他知道“我对你的付出并不求回报”。

感恩的第二个条件是，必须能感觉到对方的善意。也就是说，对方不是非帮你不可的，他出于种种原因，选择了帮你，这样你才会感恩。

我们到商场去买东西，买完后很少会对售货员感恩，因为这是他的职责。当然，作为一个成年人，我们提倡对那些哪怕是出于职责帮助了自己的人也感恩，但是对于孩子，这个还太难。他们更容易理解的是，你在可帮、可不帮之间选择了帮我，所以我才感谢你。

现在很多孩子之所以不知道感恩，就是因为他把父母的付出看成是理所当然的。所以，你不能让孩子觉得，爸爸妈妈的使命就是竭尽全力为你服务；相反，爸爸妈妈也是人，是一个和你一样有各种需求的人，我们是在选择为你服务。

这就意味着，你要拒绝孩子那些不合理的要求，比如看见新玩具就想买、明明不累还要爸爸背着……“不行，你不能毫无节制地看见一个玩具买一个”“不行，你现在还能自己走”……

哪怕是那些合理的要求，如果你自己不方便，也可以拒绝。比如他确实累了，可是爸爸也累了，那怎么办？就直接告诉他：“我也很想背你，可是我也很累了，我们一起来坚持好不好？”

不要以为你越满足他的要求他就越感恩，不是的。有满足、有拒绝，才能让孩子知道“父母不是我的提款机，我想要什么就有什么”，这样他才会感谢你的付出。

当然，你的拒绝和满足一定要跟前面讲的第一个原则保持一致，绝对不能“你学习好，我就满足你的要求；你丢了我的脸，我就拒绝你的要求”，而是根据生活规则和情境做出的合理选择。

总而言之，在为孩子付出时要把握好一个平衡，既要让孩子感觉到“我对你好，是因为我爱你，我对你的爱是无条件的”，又要让他明白

“我对你的付出不是理所当然的，是我选择为你付出的”，而且要注意不要激发孩子的内疚。这样一来，孩子才能发展出真正的感恩。

很多研究发现，那些经常心怀感恩的孩子，在学校里成绩会更好，长大后会更成功，家庭更美满，身体更健康。所以，我们培养孩子感恩，不仅仅是为了我们自己能获得心理安慰，更是为孩子的一生打好基础。

第十节　自律：建立家庭规范

家庭规范（family routines）是指家里的规矩，就是那些让孩子能明确地知道“哦，下面要做这个了”的事情。它可以包括：

· 作息规律，比如晚上九点睡觉，早上七点起床；

· 生活规范，比如睡觉前一定要刷牙，吃饭前一定要洗手；

· 家务规则，比如谁造成的垃圾谁来清扫，吃完饭后谁负责洗碗等。

为什么要建立家庭规范呢？因为它能给孩子安全感。家庭规范能让孩子感觉到周围的一切都井井有条，他可以预计到下面会发生什么事，一个时间到了，或者一件事情来了，他不会着急害怕。

更重要的是，它还可以培养孩子的自律。因为第一，家庭规范本身就是孩子自我规范、自我管理的一个过程。一方面是家长督促，另一方面他也要逼自己

> 家庭规范能给孩子安全感，还可以培养孩子的自律，为孩子节省了大量心理资源。

去适应和执行家庭规范，这就是在锻炼他的自律能力。

第二，家庭规范可以帮助孩子形成很多好习惯，让他在其他方面更好地规范自己。因为人类的自律有一个很奇妙的特点，就是它在一定时间内是有限的。如果你刚刚逼自己做了一件不喜欢的事，比如跑了10千米，下面你就更可能放纵自己一下，比如吃块巧克力；或者，你在单位里忍气吞声地跟老板或者客户周旋，回家之后就更可能情绪失控。

孩子也一样，如果你逼他做完这个做那个，比如早上起来一连串地催促，“快穿衣服！”“快洗脸！”“快吃饭！”“快穿鞋！”“快出门！”他肯定会造反，或者至少在学校里会各种不高兴。但如果其中大部分事情都已经形成规律了，他就可以自觉地完成穿衣、洗脸、吃饭、穿鞋、出门等一系列事情，那他就不会在一天刚开始的时候就心烦气躁，在学校里就能更自律，更好地管理自己了。

所以，良好的家庭规范为孩子节省了大量的心理资源，让他们不需要把自律浪费在那些小事上，而可以直接在大事上提升自己。

更不用说，如果家里的事情都有了规范，也可以使大人省很多力气，不用再对孩子吼，不用再被每天重复出现的那些小事折磨得筋疲力尽，而可以更加精神抖擞地投入自己的工作，更愉快地享受育儿的过

怎样建立家庭规范呢？第一，制订家庭规范；第二，颁布家庭规范；第三，执行家庭规范。这里面都有不少学问，让我一一道来。

程，也更有时间去关注孩子更长远的事情。

第一步，制订家庭规范

这个“我们”，不仅仅是父母，还包括孩子。当然，太小的孩子就不用了，你在固定的时间给他洗澡、让他睡觉、推他出去散步，用同样的餐具、枕头和睡前童谣等，让他形成一个固定的作息时间和期待就可以了。但是，当孩子有了自主意识之后，一个最明显的特征，就是他可以表达不同的意见了，你就得注意，在讨论有关他的事情的时候，就不能再撇开他了。

当然，孩子的意见有时候也确实让我们头疼，有些家长可能会觉得：“这个作息表怎么和他商量呢？他的意见就是晚上一直玩，不洗澡、不刷牙就睡；早上一直睡，不去上学最好。”

这些家长可能是事到临头才和孩子商量，比如孩子晚上玩得正高兴，你要他去洗澡、刷牙睡觉，他当然不同意。既然是家庭规范，就得未雨绸缪，提前和孩子商量，比如在中午谈晚上睡觉的事，大家一起坐

下来讨论。

我一直在说，孩子并不是天生和大人对着干的暗黑小邪神，他们只是自我管理的能力比较弱。你就应该避开那些他爆发的当口，在他还比较清醒的时候跟他商量好规范，到时候提醒他实施他自己同意了的规范，这样就能更好地锻炼他的自律能力了。

商量规范时要注意：理由要正面，目标要宽松，数量别太多。

“理由要正面”，是说我们在劝说孩子建立一个规范的时候，要用正面的理由。比如，你想让孩子早点儿睡，不能说：“你不早点儿睡，第二天就起不来，上学就会迟到，老师就会批评你。”而应该说：“你要是早点儿睡了，第二天一天都有力气，就会玩得更开心了。”

你想让孩子睡前自己把第二天穿的衣服收拾好，放在床边，不要说：“你都这么大了，该自己收拾衣服了。”而应该说：“我觉得你现在是大孩子了，有能力自己收拾衣服了，下面就来挑战吧！”这样说，孩子会更愿意合作，才更容易商量出规范来。

商量规范的时候要注意的第二点是，目标不要定得太高。有时候我们自己太着急了，忘了孩子还小，把他们做不到误以为是他们不愿意去做，然后就抱怨说：“这孩子果然不懂事！”

可孩子没有天生不懂事的，这个不懂事还不是父母教养出来的？你如果给孩子定的目标太高，比如三岁就让他自己收拾衣服，四岁就要他洗碗，那就超出了他的能力范围。就算你诱导孩子同意了这样的规范，实际执行起来肯定是各种不顺。那个时候你既没法强迫（强迫了孩子也做不到），又不能投降，那怎么办呢？

所以制订规范的时候，你要先替孩子想到可能出现的各种困难，预先把这些坑都绕过去，因为孩子自己很可能一高兴就答应了，但真做起来才发现不是这么简单，那时候他的挫折感就很强了。与其定一个很难执行的规范，让孩子到时候感觉自己无能或者自律差，不如定一个在他能力范围内的规范，让他体验到成就感，觉得自己果然很厉害，果然很自律，这样他以后才会更愿意规范自己。

所以，我们制订规范时要留好余地，不要定8点55分刷牙，9点睡觉，或者7点起床，7点5分穿好衣服，7点7分刷好牙这种规范，而是要留充分的余地。这并不是鼓励孩子磨蹭，而是让他更能体会到在有限的时间里完成任务的成就感，以后才更愿意配合。而且你也不着急，不用不

停地催他，因为催促经常是起反作用的——给了孩子很多压力，但孩子还是快不起来。

所以，规范不要太严厉。如果时间实在紧张，可以以后再提升难度，至少在初期要让孩子能很容易地适应。

第三，一次定的规范不能太多。原因还是前面说过的，孩子的自律是有限的，你一下子提出七八条规范，又要严格作息，又要讲文明礼貌，还要干家务活，肯定会崩盘，最后反而让他觉得："哦，大概我就是这样一个不听话、管不好自己的孩子吧。"

一般来说，同时执行的规范不要超过三条，我个人实践的时候一般用两条就够了。关键是各位家长不要着急，不要一下子就想着把孩子培养成一个在家乖巧听话、在外人见人夸的理想宝宝，那是不可能的。

一般来说，两三个月就足够建立一个习惯了，你花三个月建立两条规范，一年下来，你能给孩子建立六条规范，这还不够吗？家庭规范的难点是执行，为什么很多规范执行起来难呢？就是因为一开始的目标定得太高太多，而不是家长不坚持，或者孩子不懂事。

第二步，颁布家庭规范

在执行规范之前，还有很重要的一步，就是颁布规范。**你可不要小看这一步，它是比大人的催逼还有效的监督。**因为孩子的记性是很差的，但他们也明白说过的话要算数的道理，所以你可以在大家商量好规范后，每个人都签好字，然后把规范贴在墙上，这样一来可以平时提醒孩子要做什么，二来这相当于合同，以后只要他执行规范有困难，就让他看一看这个合同，他就更可能去执行了。

另外一个能督促孩子执行规范的方法，是把奖励方法也一起颁布。孩子是一种很奇妙的动物，他们非常需要大人的肯定，任何表扬都能强化他们的行为。我在本书第四章第三节“怎样让孩子爱上做家务”里讲过，你想让孩子做事，最好的方法是激发他的兴趣，也就是内在动机。对于家庭规范，这一点可能比较难以做到，那也应该尽量用表扬和批评，而不是物质奖励或惩罚。

比如我在规范儿子的礼貌言行时，就任命他为我们家的首席礼貌官，每天给他记分，规则是，每次他讲礼貌，比如见人打招呼、分手时说再见，就加1分；如果没做到，就扣1分。同时他还负责监督家人的礼貌，如果抓住了家人的不礼貌行为，就扣家人1分，同时他自己增加1分。

我们在墙上写下了这个规则，给每个人的礼貌记分，然后我们经常故意地让他抓住一些不礼貌的行为，结果他的分数一直领先。虽然这个分数没有任何实际意义，不能买礼物也不能换钱，但足以激励他兴趣盎然，牢记礼貌规则，自己也越来越有礼貌了。

作息规范也是一样。我们在家里的冰箱上贴了一张表，上面写了每天他的作息时间，然后从周一到周日，每天晚上让他自己给做到了的打勾、没

做到的打叉。孩子的好胜心都特别强，比如我儿子经常把已经做到了的打完勾后，还会把那些他还没做的打个半勾，比如睡觉、刷牙，我说："你还没做怎么能打勾呢？"他就说："这个表示我马上就能做到。"当然，他这样一说下面就不用我催、自己就能按时做到了。所以，如果规范颁布得好，让孩子看得见自己的成就，执行起来就会更有动力。

第三步，执行家庭规范

规范制订得再好、颁布得再积极，孩子总还有做不到的时候，怎样才能确保规范的执行呢？简单地说，需要坚持甚至强迫孩子执行规范，因为那是他自己答应的。但是，这只是最后迫不得已的选择，最好是我们先用一些技巧，能让孩子自愿地执行规范。毕竟，我们建立家庭规范的一个目标是培养孩子的自律，如果最后总是要靠强迫，那就事与愿违了。

执行规范时要注意提前预告；正面引导，身体力行，适当灵活。

第一，提前预告。

提前预告是说，不要等到最后一刻才忽然冲到孩子面前，一把抢走他的玩具，大吼一声："到刷牙时间了！"最好提前5～10分钟就提醒他："还有5分钟就要刷牙了。"然后每过一两分钟再提醒一下："还有3分钟""还有2分钟""最后1分钟了哈"，这样烦是烦了点儿，可是有了一步步的提醒，最后时间到了的时候，你再让他放下玩具去刷牙就容易多了。

其他规范也一样，你也可以提前提醒。比如"待会儿见到姑姑一家

要问好哦。”“吃完饭后，你负责把碗端到厨房，我负责洗碗，然后你再负责把碗放到碗橱里啊。”

这样做是为了更好地锻炼孩子的自律，因为锻炼自律最有效的方法是循序渐进，而不是一上来就给孩子超级难的任务去挑战。尤其是在刚刚建立一条家庭规范的时候，要尽可能地帮孩子扫除执行的障碍，让他先做起来，他今天做到了，明天做到了，后天障碍自然就变小了，这个习惯就慢慢养成了，自律也养成了。

第二，正面引导，而不是负面的威胁甚至羞辱。

千万不要说“你要是做不到就是个懒蛋！”或者“你怎么总是说话不算数？”相反，我们应该说：“哇，你的礼貌得分都已经90分了，再做到10次，就到100分了！”或者“我觉得你的能力已经可以自己收拾衣服了，来挑战吧！”

正面引导也不仅就是说赞赏的话，也可以用好玩的方法。比如，早上我叫孩子起床，会放一段他喜欢看的英文动画片，声音放得很大，放着放着他自己就一骨碌爬起来看了。刚开始培养儿子洗澡习惯时，我会跟他一起洗。我先进去，倒上洗发水，大喊一声：“哇，来玩泡泡啦”儿子一听，就跑过来了。这个原理，还是跟前面一样，就是先帮他在开始阶段做到这件事，等习惯养成了，后面就是自动化执行，父母和孩子都省力。

第三，身体力行。

我们一直说身教大于言传，在自律这方面尤其如此。你想想，如果你要求孩子文明礼貌，自己却满口脏话；或者你要孩子按时出门上学，你自己却坐在沙发上玩手机耽搁了时间，那孩子怎么可能遵守规范呢？所以，不管孩子的表现怎么样，你都不能说：“唉，我看这孩子自律不

行，这条做不到，我也就算了吧。”你得自己先坚持遵守规范，然后耐心地等待孩子跟上来。

尤其是已经制订的规范，即使我们做父母的不愿意，也不能轻易改变。比如，我们家在孩子完成作业和洗漱，也做完第二天上学的准备后，允许孩子进入大王时间，全家做什么都由他做主。有时候他就是要求看动画片，我们虽然不愿意，但也得管住自己，让他去看。这也是在锻炼我们的自律啊。

最后，让孩子执行规范时要注意保留一定的灵活性。

我们在大方向上要坚持，但是可以根据具体情况适当调整。比如，今天去亲戚家里玩了，晚上八点半才到家，你再要求他九点睡觉就不现实了，就可以延长到九点半。又比如，冬天来了，出汗少，雾霾天又是一天没运动，那今天就不用洗澡了，也没关系。

只要这个灵活性不是没有原则的（是有一定的规则和原因的）就没关系。你可以跟孩子解释为什么今天不用执行规范了，这样偶尔的灵活处理不会削弱他的自主，反而能够增进他对规则的理解，促进他的自主性。

毕竟，建立家庭规范的目标不是为了让大家都像机器人那样死板，而是为了把大家从日常小事中解放出来，把宝贵的自律资源用在更重要的地方。所以，你不用把生活中的一切细节都建立起规范，还是要留给孩子自由玩的时间，以及更重要的，尽可能多地让他自己做主的选择权。

> 有的父母可能误以为规范就是对孩子的管束，其实不是。

规范是指家庭生活的规律、规则，它完全可以是欢乐的规则。比如，每天早上出门时，家人互相亲一下；每天晚上回家时，家人互相拥抱一下。再比如，我跟孩子约定，每天晚上他如果在八点半之前上床，我就跟他有15分钟的单独聊天时间，随便他想聊什么。但如果过了八点半，就只有5分钟，过了九点就没有了。孩子特别喜欢这条规则，也因此每天都尽量早一些上床。

研究表明，有良好的家庭规范的孩子，不但身体更健康，行为更文明，而且学习成绩也会更好。所以，无论是为了帮助孩子变得更加自律，还是使他发展得更好，或者哪怕是为了你做父母更轻松愉快，都应该先苦后甜，花些力气和孩子一起建立属于你们自己的家庭规范。

第十一节　合作：父母意见不一致怎么办?

育儿中的烦恼可不只是因为孩子，有时候你的配偶也会让你火冒三丈。你们俩在怎么带孩子上面，似乎有解决不完的分歧。孩子犯个错误，你要严加管教，他却笑一笑说“算了，孩子哪有不犯错的”；你平时精心给孩子调配饮食，蔬菜、水果，营养均衡，他却带孩子出去大吃烤肠、炸鸡，怎么垃圾怎么来。

照理说你们俩应该是一伙儿的，一起抚养孩子，可你觉得遇上了猪队友，他觉得遇上了狼外婆，那可真是气死人啊。

比如，我最近和太太就发生了一次冲突。星期天下午，本来我和儿子说好了，他要去上跆拳道班，结果到了早上他忽然说："小明下午要来我家玩，跆拳道班没法去了。"我一听就生气了，说好的事情怎么能不算数？他说："是妈妈同意的。"我转头问我太太，她说："对，我昨天遇到小明和他妈妈，和他们约好了，我不知道你和孩子都约好了去跆拳道班啊。"我正要接着把怒火发到她身上，但忽然想到，咦，正好利用这个机会来培养孩子的合作精神啊。

因为孩子在未来必然也会遇到和别人的各种分歧，他怎么应对这些分歧，就是最初从父母身上学来的。如果我们能在他面前做出理性解决问题的榜样，而不是情绪失控、相互指责，他将来和别人有分歧时，也才能有更好的合作精神。

于是我就和太太、孩子心平气和地说："哦，那看来我们沟通出了问题，现在先不管是谁的错，我们来看看怎么解决问题吧。"

我儿子本来有些担心，怕我怪他在跟小明约着玩的时候忘了自己还有其他安排，听我这么说就松了一口气，立刻说："那我们下午就在家里和小明玩吧。"

我说："嗯，但我觉得还是去跆拳道比较好。因为跆拳道可以锻炼身体，而且你这次不去，按照规定，就得星期一晚上补，那会很麻烦，因为晚上的时间不够。再说，我们约好了的，你说话不能不算数。"

儿子马上回应："可是我跟小明也说好了，也不能说话不算数。"

我太太说："我觉得还是跟小明在家里玩，因为现在肯定是要有一边说话不算数了，但是小明那边不好补救，人家都安排好了今天下午来

玩了，这个时候和他说不要来了，不好交代，以后小明和他妈妈就会不相信我们说的话了。跆拳道那边好补救一些。孩子，你要保证星期一晚上无论如何都要去上课，而且仍然要完成作业、按时睡觉。”

儿子立刻说：“我保证。”

我说：“好，那就这么定了。大家以后要多沟通，孩子你也要记得自己的安排，别再出现这种情况了。”

他们都答应了。下午小明到我家来，跟儿子开开开心心地玩了半天。到了星期一晚上，儿子果然是抓紧时间吃饭、做作业，然后去上了跆拳道课。这个问题得到了完满的解决，更重要的是，**通过父母的示范，他学到了与别人合作解决冲突的方法。**

父母的很多分歧是关于孩子的教养方式的，所以不可避免地会让孩子看到父母在自己面前发生冲突。有些人认为教育要有一致性，父母就算有分歧也不要在孩子面前表露出来，以免孩子困惑，也可以更好地维

护父母在孩子心中的权威形象。

但我不同意这样的看法，因为第一，这在现实生活中很难做到。父母也是人，怎么可能每次都在孩子面前迅速达成默契，如果非要这么做，最后的结果一定就是父母中谁强势谁就总是获胜，这样一来，他的权威形象倒是在孩子心中牢不可破地建立起来了，可是弱势的那一方怎么办？孩子会怎么看他？而且如果总是违心地服从配偶，这个怨气将来总有爆发出来的一天。

第二，父母在孩子心中的权威形象有这么重要吗？难道比让孩子明白道理还重要？我们育儿的目标是让孩子明白道理。强调树立父母在孩子心中的权威形象，现在当然好，孩子都听你的，但总有一天你管不到他了，那时候就要靠他心中的道理来管他了。所以，我们得让孩子从小就学着理解道理、接受道理，而不是树立权威、接受权威。

> 有分歧不可怕，可怕的是父母不知道如何解决分歧。如何解决分歧，往往比分歧本身更重要。

第三，父母有分歧是一件很正常的事情。孩子一开始是会有些困惑，但当他看到父母理性、友好地解决了分歧之后，他就会知道，有分歧不是一件大不了的事情。如果人为地在家里营造出一种虚假的融洽气氛，总有一天他会在家庭之外面对分歧，那时候他怎么办？还不如你现在就展示给他看，有了分歧怎么解决，他才能具备跟别人理性、友好地解决分歧的能力，才能跟别人更好地合作。

说实话，现在的父母大多有些过度焦虑，大家吵来吵去的那点儿事，过一段时间你再看，其实根本对孩子没有什么影响。你们怎么解决分歧，往往比分歧本身更重要。

解决分歧的原则很简单，就和我们在单位和同事产生分歧了一样，第一，说明你的立场；第二，认真倾听对方的理由；第三，商量出一个双方都能接受的方法。

这三个步骤并不难，我们其实也都会，但有时候夫妻关系出了问题，导致育儿的一点小分歧也能吵起来。比如，有的家庭过度强调教育的一致性，结果经常有一方被迫违心地跟随另一方的育儿决定，违心的一方虽然默默忍下了，但夫妻关系肯定已经被破坏了。还不如双方开诚布公，承认有分歧，但好好地解决，还能顺便培养孩子的合作精神。要知道，夫妻关系的质量，你和配偶之间如何互动，要比孩子眼前的那一件两件事重要得多。为了孩子要不要上培训班、该跟哪个孩子玩而伤害了夫妻感情，太得不偿失了。

最后，我还要强调一点的是，永远不要在孩子面前说另一半的坏话。有时候孩子自己会说“哼，妈妈真坏”或者“爸爸一点儿也不理解我”，你要主动纠正他。比如“妈妈不是坏，她很爱你，所以她想要好好保护你，怕你出事，因为她还不知道你现在本领这么大了”，或者“爸爸其实很理解你，但是他对你有更高的要求，他觉得你能做到更好”，这样孩子也能学到对事不对人的原则，就是对方反对你，并不见得就是坏人，就是对你有意见，而只不过是观点不同而已，这样他将来才能更好地跟人合作。

总之，大家不要被教育一致性的口号吓住了，只要夫妻关系好，当着孩子的面解决分歧，反而更能培养孩子的合作精神，让他将来更可能用合作而不是对抗的方法解决问题。

“当着孩子的面解决分歧，
更能培养孩子的合作能力，你get到了吗？”

第十二节　别人违背了你教给孩子的价值观，怎么办？

关于孩子价值观的培养，有家长经常问我：“我也想培养孩子的价值观，可是社会不配合啊。你叫孩子排队守规矩，可其他人插队，先买到了冰激凌，你让我跟孩子怎么解释？”

这个难题我也经常碰到，带孩子出去的时候，孩子就会发现到处都有人违背我教给他的准则——不讲礼貌、随地吐痰、插队、乱扔垃圾，这些现象总会看到；和别的孩子玩，他遵守规则，可是其他孩子抢他的东西，甚至打他……

他也会感到委屈，比如在快餐店吃完饭后，我叫他把桌子收拾干净，他就会说："那旁边那桌就没收拾干净啊？"或者他把一个装食品的小塑料袋扔在路上，我让他捡起来放到垃圾桶里去，他会指着路边其他人扔的垃圾说："别人都扔了这么多了，我捡也没用啊。"

遇到这种情况，我主要做三件事：第一，解释道理；第二，以身作则；第三，如果有必要，也要对外界做一定的干预。

第一步，解释道理。

要和孩子说："对，有人违反规则，占到便宜了，但那是他不对，我们还是应该遵守规则。"然后和他解释为什么要遵守规则。比如，周末我跟他去爬山，看到路边别人扔下的塑料袋，我会说："那是那些扔塑料袋的人不对，不管别人怎么做，我们要做正确的事情。来，把你这个塑料袋扔到垃圾桶里去吧。"

有时候也可以借这个机会培养他的共情能力。有时候我骑自行车带孩子出去，在等红灯的时候，看见有些人闯红灯，孩子会说："我们也走吧，你看那个人都走了。"我就说："我们要等绿灯，因为闯红灯是不安全的，万一哪边来了一辆汽车呢？那个人闯红灯，可能是因为他有急事。我们没有急事，还是要等绿灯的。如果大家没有急事也闯红灯，这个路口就堵上啦。"

说实话，有时候我们也会临时打破规则，有急事需要做一下变通。但人天生有一种坏习惯，就是觉得如果我打破规则，那是迫不得已，而别人打破规则，就是因为他道德败坏。所以你平时将心比心，在孩子面前帮别人解释，也能提高他的共情能力。

第二步，以身作则。

我一直在强调，身教的力量要远远大于言传。因为孩子的抽象思维能力和社会认知能力还很差，对于道理还不太好理解，他们更多地是通过模仿来学习。

比如，在快餐店吃饭，哪怕是着急赶时间，我也让儿子一定把桌面收拾干净了，垃圾扔到垃圾桶里再走。因为迟到当然不好，但你可以责怪自己出门晚了，或者吃饭慢了，这样的话你下次是改进自己的行为。如果仅仅因为快迟到了就打破收拾东西的规则，就会让孩子觉得“我出门晚或者吃饭慢都没关系，到时候打破规则就好了”。

有时候选择要艰难一些。比如，我一直和孩子强调说话要算数，但你要让孩子树立起信守承诺的价值观，首先你自己就要做到。孩子刚进小学时，特别不喜欢做作业。我为了鼓励他做作业，就和他定了一个规则：他做多长时间的作业，就可以自由玩多长时间，在这段时间他想玩什么就玩什么。结果他一口气做了一个小时的作业，然后就要求看一个小时的动画片。我说："不行，你看1小时动画片会把眼睛看坏的，只能看15分钟。"他说："可是你答应我的，下面这1个小时我想玩什么都可以。"我权衡了一下，看一小时的动画片，就这么一次也不会伤害到视力，于是就让步了。当然，后来我就和他把规则细化了一下，避免类似的事情再发生。

价值观是什么？就是你推崇、喜欢、看重的东西在发生冲突时，你如何选择。就像前面的例子，上课不迟到是原则，吃完饭后自己把桌面收拾干净也是原则，这两条原则冲突了，你如何选择？说话算数是原则，保护视力也是原则，这两条原则冲突了，你如何选择？你自己在日常生活中有怎样的价值观，孩子都看在眼里，下一次他们就会做出同样的选择。

价值观是什么？就是你推崇、喜欢、看重的东西在发生冲突时，你如何选择。

还有一些家长会问我："孩子不爱学习怎么办？""怎么才能让孩子少看点儿电视？"我仔细问过才发现，这些家长自己就不爱学习，每天晚上是把孩子赶到书桌旁，然后自己去看电视了；或者稍微负责一点儿的，就坐在孩子旁边刷手机，偶尔抬起头来训斥孩子几句："还不快做作业！"这就是在用行动告诉孩子，学习不好玩，电视、手机更好玩，那怎么可能培养出爱学习的孩子呢？

所以，培养孩子的价值观，最重要的就是父母要以身作则。你希望孩子成为什么样的人，你自己首先要是那样的人。这才是我们爱贝睿提倡的目标，就是育儿育己，你可以借助育儿这个过程变成更好的自己。

在你和孩子解释道理和以身作则之后，有时候还得进行第三步，就是在必要的情况下，为孩子捍卫公平。

因为当孩子提出那些问题的时候，就说明他开始有公平意识了，你也不能只靠严于律己、宽以待人这样的大道理压服他。

如果别人只是私德不好，比如闯红灯或者吃完饭不收拾桌子，那你不用去管他，但如果别人的行为侵犯了你或者孩子的利益，那你应该挺身而出。比如，有一次我带孩子在快餐店排队，有人插到我们前面，我就挡住他说："对不起，我们在排队，请到后面去。"再比如，如果有小朋友抢你孩子的玩具，你必须要干预。

以上这些情况还比较好处理，最难对付的就是遇到那种屡教不改的熊孩子，而且和你家孩子同班，躲都躲不掉，那该怎么办？首先还是要请大人（首先是老师）干预，但如果老师管不过来，对方父母又是那种熊家长，纵容孩子占便宜，你如果在场就可以直接干预。有一次我看到这样的情况，就直接上去把对方孩子抱住，制止他的攻击行为，然后和他说："不许打人！打人是不对的，快道歉！"虽然和对方家长吵了一架，但这其实就是在以身作则，用行动告诉孩子，公正比表面和谐的关系更重要。

总之，培养孩子的价值观并不容易，尤其是在遇到别人在孩子面前违背我们讲的价值观的时候。这时我们要给孩子讲道理，要以身作则，还要在必要的时候维护公正。但如果我们想通了育儿育己的道理，你会发现，为了培养孩子的价值观，我们自己就在变成一个更好的人，育儿变成了一个充满喜悦和意义的过程，这才是最聪明的养育方法。

第七章 朝向天空：让欢乐成为孩子一生的主旋律

内在动机是最纯粹的自主动机，但也是最难培养的。我们和孩子似乎在进行一场无休无止的战争：我们要他做的，比如学习、刷牙、做家务，他不感兴趣；他感兴趣的，比如玩手机、吃薯条，我们又不让做。这该怎么办呢？

其实，孩子天生是充满内在动机的，只是频道和大人不一样。你需要理解孩子的心理机制，顺势而为，才能使他们喜欢学习、爱好雅趣、充满创造力，在内在动机的指引下，度过充实而又满足的一生。

第一节 福流：让孩子专注做事的心理通道

很多家长都有这样的烦恼："我家孩子对什么都不感兴趣，做什么都不努力，就是玩手机最感兴趣，一拿起手机就最努力，怎么办？"

无论是管制、强迫还是商量，大部分家长都是想办法不让孩子玩手机，但这些方法都是治标不治本。有家长甚至直接问我："我也知道孩子玩手机不好，可是不玩手机玩什么？”

我采用的是以毒攻毒的方法，就是琢磨一下手机为什么这么好玩，让孩子在其他活动中也能找到足够多的乐趣，这样他就不会觉得手机是巨大的诱惑了。

比如，上个月我带儿子去打篮球，后来我实在打累了，就和他说：“我们休息一下，要不你玩会儿手机吧。”儿子竟然说：“不要，我要继续打篮球！”

小孩子竟然不想玩手机？你一定会感到很惊奇。之所以会这样，是因为我在和他打篮球的时候，使用了让孩子进入福流[16]的技巧。“福流”是美国心理学家米哈里·契克森米哈赖提出来的概念，指一个人把全部

⑯ Flow，也译为“心流”。

注意力都投入到当前的活动中，从而物我两忘、表现最好、进步最快的一种最佳状态。

福流三原则：设立明确的目标，及时反馈，难度与能力相匹配。

怎样才能进入福流呢？要在活动中注意以下三点：

第一，设立明确的目标。

比如，那天我和儿子是玩投篮游戏。虽然他才6岁，所谓投篮只是端马桶一样把球投进去。但没关系，我们的目标很明确：就是把球投进篮筐里。

第二，及时给予反馈。

一开始他当然投得很糟糕，东倒西歪，经常是篮筐、篮板都碰不到。我每一次都会迅速给他反馈："这一个要再用力些！""这一个往左边再来点！""哎，这一个不错，差点就进了！"这样每次他都能及时调整，后来就不用我提醒了，根据这一次球投得怎么样，他自己就知道下一次要怎么改进了。

第三，难度和能力要匹配。

怎么做呢？我们进行投篮比赛，一开始，我让他很多，他投进去1个算10分，我投进去1个算1分。开始还是我领先，但半小时后，我们就旗鼓相当了；再过半小时，我已经完全不是他的对手了。他从一开始纯粹靠碰运气，已经慢慢进步到投10个肯定能进1个了。这时为了与他能力

匹配，我提高了游戏难度，游戏规则改为：他进1个仍然算10分，但我进1个算2分了。就这样，他的能力一进步，我就把游戏的难度增加一点儿，到最后，他已经差不多能投5个进1个了。

那天，他一直打了6个小时，到要回家吃饭才结束。他这个狂热劲儿可真把我吓了一跳，一般人可是只有在打电子游戏的时候才这么专注、投入呢！

不知大家有没有想过，为什么电子游戏能让人这么投入？为什么孩子一玩手机、iPad里的游戏就专注得停不下来？其实道理是一样的，游戏也是按照福流三原则设计的。你可以回忆一下自己玩过的游戏，是不是每一关都有一个明确的目标，你上来就知道自己要干什么，然后干得怎

> 电子游戏也是按照福流三原则设计的！

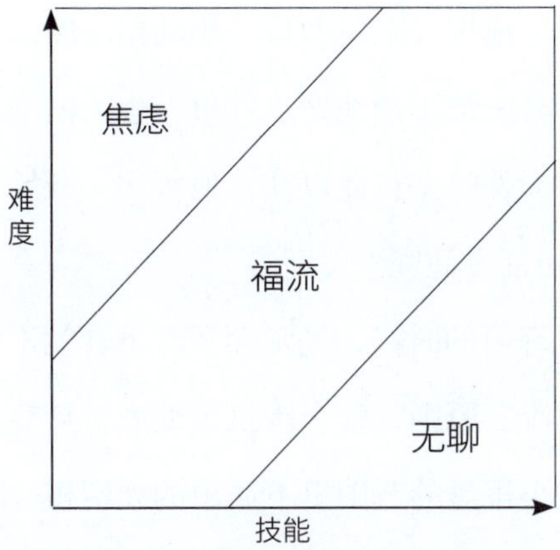

么样，几乎每一个动作你都立刻知道自己做得对不对，每一关都是先易后难，然后过了这一关之后，下一关会更难，这样能保证你既不会觉得太容易，没劲，又不会觉得太难了，不玩了，而是不知不觉之中，水平越玩越高，当然就越玩越喜欢玩。

所以难怪小朋友们都喜欢玩手机游戏啊，因为生活中的大部分活动没有体现这样的原则，所以无法吸引孩子。

其实，我儿子也上过篮球兴趣班，教练水平很专业，可是上来就又是运球又是拍球，教了半天孩子还是很糊涂："这个班到底是要干什么啊？"目标不明确，人又多，一个班十个孩子，教练无法给每个孩子及时的反馈，难度还特别大。根据我的观察，全班只有一个最高最壮的孩子上得挺开心，其他孩子都很有挫折感。

结果，我儿子上完后说他不喜欢打篮球。其实，他并不是真的不喜欢打篮球，是兴趣班的教法让他失去了对篮球的兴趣。

所以，如果我们希望孩子能够在一件事情上进入福流，从而喜欢上这件事，专注地做这件事，并最终在这件事上进步神速，就要把活动设计得能让孩子进入福流。不然的话，多严

把活动设计得能让孩子进入福流，孩子就会爱上这件事！

厉的监督都没用。且不说孩子会哭闹、拖拉、东张西望、小动作不断，就算你真的能把他按在那里，一个小时一动不动地做这件事，也无法知道他脑子里是不是在翻江倒海、神游天外呢。长此以往，他每次一开始做这件事就自动进入走神状态，怎么可能专注呢？

我儿子喜欢下围棋，但是在家里练习的时候，经常会下着下着就不耐烦了。怎么办呢？我一样是使用福流三原则。整个围棋盘太大，计算胜负太复杂，所以我一开始只跟他在小棋盘的范围里下简单的死活棋，这样目标才明确，他对于自己每一个子的影响都比较清楚，相当于及时反馈。我也会经常跟他讨论每一步棋的得失，这也是不停地给他反馈，让他调整。

最后是比较微妙的难度与能力相匹配。到底怎样匹配最好呢？是难度比他的能力高一点点最好，有人把它比喻成“跳一跳，够得着”。所以我跟他下围棋，会先从下四盘让他赢一盘，到下三盘让他赢一盘，到大家输赢差不多，再到他赢得多的时候，我就说：“好，刚才爸爸只拿出了三分功力跟你下，没想到你进步这么快，现在我要拿出四分功力了。”然后再重来。

当然，你不能太死板地总是赢三盘然后输一盘，而应该看上去是比较随机的输赢，因为人是很奇怪的动物，对于肯定能得到的东西，我们不珍惜，对于肯定得不到的东西，我们也不奢望，就是对于那些跳一跳、够得着，而且

对于那些跳一跳、够得着，而且不知道哪一次能够得着的东西，我们最着迷！

不知道哪一次能够得着的东西，我们最着迷。所以你既要让他感觉到自己能力的提升，同时又要让他觉得自己的能力还不够，现在得到的奖赏还是太随机，他才会更加努力地继续做这件事。

甚至连做作业你都可以用这个原则。我会把做作业设计成一个游戏，游戏的名字就叫“专注”。它有一个明确的目标，我和孩子打赌，看看他能在多长时间里完成作业。当然，我事先会先估计一下，他大概需要多少时间，然后仍然是按照“跳一跳、够得着”的原则，给他定一个稍微有点儿难的目标，再用一张表来追踪他的进度：“哎，今天你的专注程度是7，比昨天的6有进步哦！”同时我也会在旁边陪他做作业，不时给些反馈：“嗯，你做语文很专注。”“呀，你这次数学有点儿慢哦。”用这样的方法，培养孩子专注做作业的习惯。

当然，这个方法用在学习上不像用在兴趣活动上那么容易，因为作业是学校老师布置的，改造起来比较困难。比如有些作业就是朗读15分钟，还有些作业要求严格符合格式的抄写，追求快反而会出错。不过，只要掌握了这个原则，我们至少可以让孩子的作业变得更有趣一点儿，也让他更加专注。

总之，用福流三原则，可以使孩子进入福流，从而把事情做得更好，水平也提升得更快。这不仅会增加孩子对这件事的胜任感，而且也会促进他的内在动机。

第二节　学习不止有诗和远方，还有眼前生活的日常

生活不止眼前的苟且，还有诗和远方的田野——这句歌词非常流行。这首歌是讲情怀的，对此大家见仁见智，每个人都有选择自己生活的权利。但在学习方面，其实这句话要反过来说——学习不止有诗和远方，还有眼前生活的日常。

也就是说，大家不要一提到学习就想到那些抽象的概念、公式，或者高雅的美术、音乐，其实从日常生活中学习效果更好。这样说并不是因为情怀，科学研究已经证实，与日常生活相关的学习效率更高。

> 科学研究已经证实，与日常生活相关的学习，效率更高。

比如，从生活来的知识记得更牢。为什么呢？因为人类的记忆并不是像电脑的数据库那样，所有的知识都是一格一格地存在大脑里，你输入一把钥匙，我给你一个答案。不是的。人类大脑里的各种信息其实是连接在一起的，就像一张网，你要记的东西和其他信息的连接越多，你就记得越牢。

比如学英语，我们从书本学，从小学学到大学，可能还是半吊子，但是如果把你扔到美国，只要你不是每天和华人在一起，一年下来英语就会突飞猛进。为什么呢？因为本来那些单词是割裂着地存在你大脑里的，“book”这个词和你记忆网络里唯一相关的只有“书”这个中文词，这个时候你记忆它的唯一方法就是反复背诵“book，书，book，书”，这是非常低效的，说实话是对大脑资源的巨大浪费。

但是到了美国就不一样了，人人在提到那个方方正正的用纸订在一起的记载知识的东西，都说book，上课老师会说请大家打开某本book，回家后去图书馆借某本book，你在实验室里别人会说请你帮我拿一下那本book，大家聊天会说“哎，你看过那本book吗？”甚至你要和女生搭讪，也得说：“师妹，借你那本book看看行吗？”这时候book就不再只有一个单一的连接，而是和无数生活经验连在一起。到后来，book这个词对你来说就不再是“书”这个中文词，而是那一类方方正正的用纸订在一起的记载知识的东西了，也就是说，你已经用英文在记忆了。

事实上，大家想一想，儿童学习母语，不就是这么学的吗？就是在生活中不断地听、不断地讲，然后自然就会说了。这个学习过程不但毫不费力，而且可以说势不可挡。哪怕是聋哑父母生的孩子，只要孩子本身不聋哑，也能轻松地从别人那里学会语言，因为生活中的学习是非常容易的。

正如前文所述，人类是最依赖学习的一种动物，学习的本质是为了解决生活中的问题，所以人类本来是很喜欢学习的。只不过，到了现代社会，学习的方式改变了。在远古时期，孩子们学习的方式就是模拟大人的生活，比如爬树、游泳、扔石子、玩泥巴、玩过家家、玩打仗游戏，这些都是在学习如何解决成年人要面对的问题。

可是，现代社会成年人需要掌握的工具是文字、数学等专门技术，因此，学习方式也就发生了巨大变化，变成了一群孩子坐在教室里，反复练习、记忆各种知识。可是，人类的大脑基本还和一万年前一样，更喜欢的是爬树、游泳这些游戏。现代学习方式和孩子的天性背道而驰，难怪孩子们不喜欢。

我儿子去年夏天幼儿园毕业，要上小学了，就有很多培训机构推销他们的幼小衔接课程。我一看他们的课表，基本上和小学一样。当然，他们美其名曰是为了和小学的节奏接轨，就是一天到晚地上课，学拼音、10以内的加减法。我觉得太可怕了，简直是在给孩子大脑上酷刑啊，坚决不让孩子报。

当然，我也理解有些家长，选择去上那些模拟小学的幼小衔接班，因为确实现在小学对刚入学的孩子就有要求，希望他们认识100个常用字，会基本的拼音，会做10以内的加减法。但是，学这些知识，并不是只有通过上课才能得到的，而应该是通过和生活相结合，这样学起来才最有效率。

> 学前班割裂了学习和生活，会让孩子觉得在生活中玩很开心，但上课学习很讨厌。

“最有效率”的意思是，你让孩子上学前班，他当然也能学会，但要耗费更多的时间，让孩子更加反感学习，因为学前班割裂了学习和生活，会让孩子觉得自己在生活中玩很开心，但上课学习就很讨厌，而且学习效果也不好，因为死记硬背的知识，他更容易忘记。

所以，我们平时需要多留意，跟孩子在一起的时候，抓住机会让他更多地学习。其实如果你心里绷着这根弦，就会发现学习的机会到处都是。比如在游乐园，你告诉他：“哎呀，这个游戏你没法玩！”他会问：“为什么？”你可以指着一个牌子和他说：“你看，上面写着……”然后你一个字一个字地给他读，“仅、限、成、人、与、1、米、4、以、上、的、儿、童。”孩子一般好奇心都非常强，他会跟着你一个字一个字地看过来，就把这几个字都记住了，不认识的他还会多看几遍。

再比如去商场，里面的货物琳琅满目，孩子会不停地问这是什么、那是什么，你就可以引导他看商品标牌：“你看，这里写着笔、记、本，那个是游、泳、镜。”他自然就认识了这些字，因为这是他生活中需要解决的问题。

拼音在现实生活中出现得不多，但是我们这个时代其实有个便利，可以让孩子很快地学会拼音，就是手机。手机输入汉字需要拼音，当孩子对某个问题很好奇的时候，我就把手机给他，让他自己用拼音输入汉字，去搜索答案。比如他特别喜欢高铁，经常会问：“高铁最快能开得多快？”我就教他输入：“g,ao-gao；t,ie-tie；z,ui-zui；k,u,ai-kuai。”然

后一搜，答案出来了。

这对孩子来说实在太神奇了，我儿子从此特别喜欢用手机搜东西，包括没问题的时候，也会自己搜高铁、老虎等他感兴趣的图片，自己看着乐。很多家长把手机看成洪水猛兽，好像孩子不能碰似的，经常问我的一个问题就是孩子拿起手机就放不下该怎么办。归根到底，**手机只是一个工具，它是好还是坏，要看你怎么使用它。**我会控制孩子玩手机游戏，但是孩子有好奇心，想知道一个问题的答案的时候，我是鼓励他自己用手机去找答案的，这样他就顺便把基本的拼音都自己学会了。

> 无论是识字、拼音还是算术，都可以从生活中学习。

数学也一样，其实简单的加减法在生活中不停地出现。比如我儿子刚上幼儿园的时候，就问我："班上某某同学要有小弟弟、小妹妹了，他妈妈什么时候能把小宝宝生出来呢？"我回答说："你自己算啊。怀胎十月，现在2个月了，你说还有几个月？"儿子算了一会儿，说："8个月。"

由于二胎政策放开，他们班上这种情况又出现了好几次，我就也给他提高难度了，问题变成："一个小宝宝要在妈妈肚子里待40周，这个宝宝已经有了12周了，你说他还有多久出来呢？"

乘法他也是用这种方法学会的。比如带他和其他小朋友一起玩，大家饿了，一个说："我要吃烤肠！"其他几个立刻也跟着说："我也要！""我也要！"我就带着儿子去买烤肠，因为我和我儿子一向是他要买的东西就由他自己去买，所以我就把钱给他，说："1根烤肠5块钱，你们3个小朋友，一人吃1根，一共多少钱？”他还是用5加5加5的方法算，算出来等于15，然后就自己拿着15块钱去买。然后我就告诉他：“其实用乘法更简单，3乘以5等于15。”这样类似的场景出现几次之后，他就有了乘法的概念。所以他上小学之前已经可以心算10以内的任何两个数相乘了。

这个方法很好，就是把算术和生活结合在一起了。我记得以前在网上看到过一个视频，一个小女孩被父母逼着背乘法表⑰。一五得五，二五一十，三五就背不出来了，满脸都是委屈和害怕。大人呢，一半在骂她，一半在笑她，最后她只好号啕大哭起来：“这个三五怎么这么难呢？”

这就是脱离了生活的学习。看完那个视频我挺愤怒的，大人觉得好玩，还把视频发到网上。我要是带着中央电视台扛着个摄像机问你：“π的第十位到第二十位是多少？快说，全国人民都看着你的囧样呢！”你有何感想？

对于那么小的孩子，知道3乘以5等于多少，和你知道π的第十位到第二十位是多少其实是一样的，毫无意义。你要想使它有意义，就得让孩子在生活中注意，3乘5到底是什么意思，这样孩子才能记得住。

这确实需要家长更多的付出，你要时时注意机会，适时引导。当然没有把孩子往学前班一送，然后你坐在教室外面玩手机来得舒服。**但只有在生活中学习，才能真正激发孩子的学习兴趣，学习效果才会更好。**

---

⑰ https://www.youtube.com/watch?v=9SpjHiPK7jQ 2017/4/23

知识不再是死气沉沉的负担，而是与生活有关的活生生的本领！

我儿子没有参加任何学前班，但到了小学，识字和算术都是他们班最好的之一。而且他都没觉得自己是在学习，因为他的学习完全融合在他的生活中了。

所以，我们应该让孩子从生活中多学习，这样他们能学习得更起劲儿、更开心，也能学得更好，而且不会一提起这些知识，就下意识地想起教室、课桌、作业、纪律这些排斥的东西，而是些欢乐的记忆。

更重要的是，他们会更有学习的动力，因为他们发现自己学的知识有了用武之地。这时候，知识就不再是书本上死气沉沉的负担，而是和他有关的活生生的本领。

第三节　学而时习之，不亦说乎？

孔子曰：“学而时习之，不亦说乎？”我以前总是不明白这句话的意思，因为老师总是把这句话解释为：学习了之后又时不时地复习，不是很高兴吗？可是说实话，咱们做家长的也都是从学生时代过来的，学了之后又时不时地复习，我实在是看不出有什么可高兴的。

其实是当年的老师误解了孔子的意思。“习”的意思是练习、使用，而不是复习。孔子的意思是：**你学了新知识，能在合适的时候用到它，不是很高兴吗？**

这句话还真符合现代教育学原理：如果你能经常使用一些知识，你就会越来越喜欢这些知识。所以，“学习”一词，不是说学了之后要复习，而是说学了之后要练习。

现在学校教育里的练习，基本上就是在课堂上反复做题。这种练习方式，我们都知道，孩子不喜欢，甚至会让他们讨厌这门学科。所以我们做家长的，就需要在日常生活中帮助孩子使用这些知识，使他们更加好学。

> 让孩子好学很简单，就是让他们觉得自己学到的知识是有用的，让他们体验使用自己学到的本领的成就感。

这当然不容易，要求我们经常留意孩子最近学了什么，然后想办法在生活中让他们使用这些知识。比如我儿子上了小学之后，新学到的一项本领是写字，我现在就尽可能地把家里的写字机会都让给他：写跟他的约定：想邀请同学到家里来玩，可以，但要保证事后自己把乱七八糟的家里收拾干净；想周末去爬山，可以，但要保证在星期五就把作业先做了。

这些约定以前都是我写了之后让他签字，现在就都让他写，不会写的字我写了后由他描，这样不仅增加了他履行这些约定的可能性，而且也让他觉得自己写字很厉害，就更喜欢写字了。

所以，让孩子好学很简单，就是让他们觉得自己学到的东西是有用的，让他们可以体验到使用自己学到的本领的那种成就感。当然，这些对我们大人也是一样的。我自己也是在不断地学习育儿科学，每次学到之后，再使用在自己的育儿当中，真的就打心眼里感到学而时习之，不亦说乎？

所以我也希望你在读了这本书之后，也能经常学而时习之，把书里的知识和方法应用在自己的育儿生活中，我保证你也一定会不亦说乎的。

提倡在生活中学习和应用知识的第二个原因，是因为目前教育制度的一个弊端，就是把知识分成不同的科目，让学生难以看到各种知识之间的联系。而实际上，学习是为了解决生活中的问题，而不是为了在某一个科目考试中拿高分。将来老板分派给你一个任务，他不会在乎你是用微积分还是量子力学去解决，他只要你能完成任务。但是，由于学生要掌握的知识太多，学校就把各种知识分门别类，变成语文、数学、英语、物理、化学等，学生坐在教室里，每一个小时听一个不同的老师讲不同的科目，好像是隔行如隔山。其实，这样的科目分类只是教育的权宜之计。无论最终你考试考得多好，你还是要回到生活中，去解决生活中的问题。那个时候，你能不能把各种知识融会贯通、灵活使用，就是一个非常关键的能力了。

所以教育界一直有人提倡整合教育，又叫跨界学习，就是把不同领域的知识整合到一起教，而不是泾渭分明地分成语文、数学、物理、化学……比如美国俄勒冈州有个叫King Middle School的学校，坐落在全州最穷的小区之一，考试成绩属于后 1/3。后来来了一个新校长，采用了一种叫作“舰队学

> 学习是为了解决生活中的问题，而不是为了在某一个科目考试中拿高分。

习”的新的学习模式，就是将跨界学习常态化了，几个学生组成一个小舰队，做各种项目。比如，初一的学生制作一张关于濒临灭绝的动物和植物的CD，里面既有生物学，也有计算机技术，还能锻炼写作能力，当然还有爬山、涉水、摄影、摄像，以及与当地社区各种不同机构、不同的人的沟通能力，甚至连配乐都是学生自己演奏的，动物、植物的图也是他们自己画的。

这样的学习方式，把各种不同科目的知识融合到一起了，学生能够发现这些知识其实都是相互之间有紧密联系的。最重要的是，这才是生活本身。实行这种跨界学习的新模式之后，学生对学习更有兴趣了，考试也考得更好，学校从考试成绩排在全州后1/3的差学校跃成为排名前1/3的好学校。

我平时也是这么教孩子的。有一段时间孩子喜欢下国际象棋，我就想起了那个著名的故事，和他说：“哎，你知道国际象棋是谁发明的吗？”他说：“不知道。”我说：“国际象棋是印度的一个宰相发明的。国王特别喜欢这个游戏，打算赏给他很多黄金。可是这个宰相说‘我不要黄金，您只要赏给我一些米就行了’。在棋盘的第一格放1粒米，后面每一格都放前面的米的2倍，比如第二格放2粒米，第三格就要放第二格的2倍，你说是多少？”他说：“4粒。”我说：“对，你看这就和你玩的游戏一模一样。你猜最后棋盘中的64个格全放满，要多少粒米呢？”他说：“1斤米？”我说：“不止，还要多得多。”他说：“有房子这么多米吗？”我说：“不止，还要多得多。”他就哈哈大笑起来：“不会吧？！”我说：“那我们就来算算看吧。”于是我就在家里的白板上画了一个国际象棋棋盘，他在上面一格一格地算，一直算到第十七格，就是65536，实在算不下去了才罢休。

整合教育最大程度上模拟了生活，所以最有效。

整合教育能够激发孩子的学习兴趣，加深孩子对知识的理解，实践和应用这些知识，把不同科目的知识融会贯通。最重要的是，这样的学习最大程度地模拟了生活，所以才最有效。

那么，我们干吗不直接在生活中让孩子进行整合学习呢？也就是说，利用生活中的种种场景，不要管孩子现在学的是语文还是数学，让他们自己去探索，这才是最有效的学习。

最简单的例子就是买东西。你带孩子到商场，不要用布置任务的方式，而是用赋能的方法，比如说："今天咱们家买东西的事情就交给你了。"然后你给他一个购物清单，跟在他后面，让他自己认字，自己一个一个地找。

当然，这其中也可以有自由度。比如"水果你可以挑自己喜欢的随便买"，然后算算一共多少钱。这就是整合了语文和数学的一个活动，还可以认识很多蔬菜、水果。

你也可以自己发明一些活动和孩子玩。比如，你可以和他一起编故事，并把故事写下来，然后画一个绘本；或者收集资料、写报告、拍照片，做一个讲座。

整合教育把各种不同的知识在孩子的大脑里连接起来了，有利于发展孩子的创造力。因为创造力在很大程度上就是把原来的旧概念连接到

一起，产生一个新方法。如果孩子平时经常是使用到科目A的同时也在使用科目B，那他就更容易进行跨界思考，将来就更容易产生与众不同的点子。

归根到底，孩子需要面对的大考不是高考，而是生活本身。

并不是说高考考好了，这一辈子就万事大吉了的。高考结束时孩子也才十八岁，后面的生活之路还长着呢。那时候考验他的，就不再是学校里学到的能力，而是他在生活中继续学习的能力。更重要的是，从生活中学习，他更喜欢、更投入，更容易对知识产生兴趣。你当然应该从小注意让他从生活中学习，而不仅仅是从课堂上、书本中学习。

第四节 保护孩子的好奇心

孩子的好奇心实在太强了！有家长朋友就向我抱怨："孩子问题太多了，又不敢让他别问了，怕挫伤他的好奇心，可是他一路打破砂锅问到底，到底该怎么对付呢？"

这个我也很有体会。比如，前几天儿子问我："爸爸，世界上什么动物最厉害？"

我说："那要看是在哪儿了，在陆地上是老虎最厉害，在海洋里是虎鲸最厉害。"

结果这个回答又引出来3个问题，他连珠炮似的又问："虎鲸和老虎有什么关系？它比鲨鱼还厉害吗？它是好的还是坏的？"

你看，这下我还敢回答吗？就怕回答了这3个问题，又引出来9个问题，更不用说有些问题我也回答不出来。

所以怪不得有人说："孩子还需要培养好奇心？不压制就行了，他

们的好奇心已经够强了。”市面上常见的培养好奇心的方法，也是首先强调不要压制孩子的好奇心，不要对孩子的问题不耐烦，然后就是提供更多的新鲜刺激，给他们自由探索的机会。

从育儿科学的角度看，家长们必须要知道：好奇心不仅仅是强烈的求知欲，更重要的是求知的动机。比如，孩子为了应付考试到处查资料，就不是真正的好奇心，而只是出于外在动机去收集信息。目的达到后，他就失去继续做这件事的动力了。

> 好奇心不仅仅是强烈的求知欲，更重要的是求知的动机。

培养孩子的好奇心，最重要的是让孩子对求知过程本身感兴趣，让他们觉得探索未知世界是件很酷、很好玩的事。至于结果是什么，倒没有那么重要了。这样我们就不用再烦恼孩子问题多了：“哎哟，不让他问是打压好奇心，鼓励他问我又对付不过来，这怎么办呢？”我们不但不应该烦恼，而且还应该高兴："哎，好哇，又有一个培养孩子好奇心的机会了！"

比如，我儿子上次问我的3个问题，我就采用3种不同的方法，因为现在关键已经不是这些问题了，而是要让孩子喜欢问问题这个过程。第一个问题，虎鲸和老虎有什么关系？很简单，我知道答案，而且里面没有什么奥秘，所以我就很直接地告诉他："虎鲸和老虎没有关系，就是因为它在大海里最厉害，所以大家叫它虎鲸，就和陆地上的老虎一样，谁都打不过它。"这样可以立刻满足孩子的求知欲。

但对于第二个问题，虎鲸比鲨鱼还厉害吗？我也不知道了。那也没关系，我首先承认这个问题我也不知道。你不用害怕这样会损害自己在孩子心目中的高大形象，因为这是在给他传递一个信息——哪怕是爸爸妈妈这么厉害的人，也有很多东西不知道，而且是敢于承认自己不知道。这样他将来就不会因为怕别人笑话他好奇（"哎，这个你都不知道啊？"）而不懂装懂，或者有问题也不去找答案。

接下来我就鼓励孩子自己去找答案。我拿出手机给他，让他输入"虎鲸、鲨鱼"，自己搜索答案。果然一搜就搜出来了，是虎鲸更厉害，而且网上竟然还有一个虎鲸攻击鲨鱼的视频，他看了一遍又一遍，特别喜欢。后来，他们幼儿园有一次有小朋友画图说话的节目，他就画了虎鲸吃鲨鱼给大家讲。

所以，**如果你也不懂的问题，正好可以鼓励孩子自己去找答案**，这样他不仅会对这个知识点印象更深，更重要的是，他会从这个过程中收获成就感和满足感，以后就会更喜欢遇到问题自己找答案。

但是，还有一类问题是没有确切答案的。比如，儿子问的第三个问题“虎鲸是好的还是坏的？”我干脆把这个问题又扔给了他：“你觉得虎鲸是好的还是坏的呢？”

他想了想说：“它有点儿坏，但不算太坏，因为它吃的是鲨鱼，不过它也吃海豹。”

“嗯，这个问题好难哦。要不我们找一本关于虎鲸的书来看看？”

儿子一听特兴奋，我们立刻上网找到一本叫《虎鲸家族传奇》的绘本，买回来两个人一起读，读完之后儿子明白了，不能说虎鲸坏，它吃其他动物也是为了自己一家子的生存和繁衍。当然，他才6岁，没有必要和他再深入探讨好坏的问题。重要的是，问题越难回答，可能越是宝贵的机会，让我们培养孩子的好奇心和独立思考能力。

培养孩子的好奇心不仅仅是鼓励孩子问问题，最重要的还是让孩子发现自己有思考和寻找答案的能力，然后开始享受这个过程。

以上介绍的3种回答方法，你可以灵活使用。比如，你知道答案的，也不一定就要直接告诉他，也可以和他讨论，启发他自己思索出答案；或者你不知道答案的，也不一定就要上网查，也可以和他一起先讨论讨论。比如，我儿子问的第二个问题："虎鲸和鲨鱼哪个更厉害？"我其实是先跟他讨论了一下，我说："我不知道。我感觉两个都很厉害，就好像狮子和老虎一样。你觉得哪个更厉害？"我们讨论了一会儿才上网去查的。

所以，我们应该让孩子觉得"哇，问问题好好玩啊"，问出一个问题，然后自己又找到答案，实在是太酷了！这才是培养好奇心的正确姿势。

"利用孩子自己的问题培养他的好奇心，
帮助他寻找答案，你get到了吗？"

第五节　利用想象力平息孩子发脾气

有一次，我带儿子在商场里买东西的时候，他看见一辆汽车玩具，特别喜欢，和我说：“爸爸，我们买这个玩具好不好？”

我顺口就说：“不行，家里的汽车玩具已经很多了。”

儿子立刻就说：“可是没有这一个！”

我说：“你这是什么道理？！照你这么说你要把全世界的玩具都买一个了？”

可这时候孩子哪里听得进的道理啊，当场就哭闹起来：“不行，不行，我就要这个玩具！我就是要嘛！”

这可把我气坏了，这孩子怎么这么不懂事？就在我也要大发脾气的时候，忽然灵机一动，咦？为什么不利用这个机会培养他的想象力呢？

创造力和想象力是未来世界最需要的关键才能，但是对于怎样培养想象力，大多数父母还是在用画画、拼乐高、讲故事这些传统方法。这些方法当然也有效，不过现代脑神经科学对想象力的最新研究已经为我们提供了更多、更好的视角。

这些研究发现，所有的想象都遵循同样的脑神经过程。爱因斯坦想象引力波穿过宇宙，毕加索想象一幅画在画布上的样子，和我们想象晚上吃什么、孩子在幼儿园里干什么，在本质上都是一样的。所以不一定要买创意玩具、上艺术培训班才能培养想象力，在生活中就可以利用随手可得的机会培养孩子的想象力。而且这一脑神经过程也不是像某些人说的，就发生在右脑，而是整个大脑都在协作参与的复杂过程。所以，**如果我们能帮助孩子整合他们的大脑，会非常有利于想象力的培养。**

孩子大哭大闹，就是这么一个好机会。因为这个时候他的大脑被情绪所控制，如果他能从情绪顺利切换到理智，大脑内部的连接就更强

了，将来更有可能具有想象力。可是，怎样才能让孩子从大发脾气的状态平静下来呢？

当儿子在商场里为玩具哭闹的时候，我没有再和他讲道理，而是先认可他的情绪。我蹲了下来，搂着他说："你很喜欢这个玩具是吧？"

他说："对。"

> 第一步，认可孩子的情绪；第二步，激发他的想象力。

然后我就开始激发他的想象力。我说："是啊，这个玩具看上去是挺好玩的。嗯，要是我们真买了的话，你打算把它拿到哪里去玩呢？"

这时候，他脸上那个绷紧了的准备跟我大吵一场的表情慢慢松弛下来，他说："那你是要买这个玩具吗？我要拿它在家里地板上玩，还可以拿它到广场上去玩呢。"

我继续说："对啊，要是真的买了的话，你到广场上去，要不要叫几个朋友一起来玩呢？”

他说：“要啊，我就叫×××、×××跟我一起玩，他们肯定也没见过这个玩具。”

我赶紧顺着他说：“哦，他们也没有这个玩具啊？他们为什么没有买这个玩具呢？”

我儿子不假思索地说：“因为他们没见到啊。他们要是见到了肯定也想买！”

“那你觉得他们的爸爸妈妈会给他们买吗？”

儿子想了一下，诚实地回答：“不会的。”然后还没等我说话，他就自己说：“算了，我还是不买这个玩具了吧。”

大家看，是不是很神奇？照理说，你让孩子想象“我有了这个玩具之后要干什么”，应该会使他更想要这个玩具，为什么他反而变得讲道理了呢？

这就是因为想象首先要激发大脑的理性功能，理解我现在有一个任务，分析这个任务，然后想象“如果爸爸真的给我买了这个玩具”之后的各种可能场景，这时候大脑又切换到注意力，让理性来对这些场景进行判断，是否符合逻辑。你不要小看孩子那么简单的想象，好像就是一句话的事情，但其实在他的大脑里发生了一个相当复杂的过程。

这个过程有什么好处呢？**第一，孩子的注意力被转移了。**本来他的大脑是被情绪劫持了，全是生气、难过这些负面情绪，你让他一想象，他就先后动用了理智、想象，然后又切换回理智，很快他就会从情绪中走出来。

第二，这是顺其自然的一个想象练习。因为这时候他的注意力全在那个玩具上，你顺着他，让他想象有了玩具之后会怎么样，这不会引起他的反感，而是让他很自然地跟着你的引导走。

第三，这不是一个简单的想象练习。孩子的大脑除了在理性和想象之间来回切换外，还在与情绪频繁互动，这就比一般的想象练习更加能促进大脑的整合。

大家在其他场景也可以试试这个方法，孩子不想去上学时，顺着他说："唉，要是真的不用去上学就好了，你那会干什么呢？"孩子想在幼儿园里表演，老师却没挑中他，你可以安慰他说："唉，要是你被挑中就好了，你会怎么做呢？"

我们想象一件事情的时候，大脑感觉就跟这件事情真的发生了似的，所以有很好的安慰效果，而且注意力转移了，孩子就从负面情绪的大爆发里解脱出来了，同时他还锻炼了想象力，这就是一举三得了。

"孩子哭闹时，趁机培养想象力，
你也试试看？"

第六节　游戏力：爸爸带孩子

（本篇为北京大学心理与认知科学学院教授、爱贝睿实验室主任魏坤琳友情贡献）

大家一般会觉得妈妈应该承担更多的育儿义务，妈妈对孩子的影响也更大，但是很多研究都发现，爸爸对孩子的影响也非常大。

比如智商，大家都觉得应该主要是天生的，后天改变的余地不大。但有一项研究发现，如果父亲在孩子4～8岁时能施加积极影响，孩子在6年后的智商会更高。另外有一项研究发现，父亲参与度越高，孩子成绩就越好。

在心理方面就更是如此了。与父亲关系亲密的青少年自尊水平更高，行为问题更少，心理也更健康，更少抑郁，而且这种现象对于女孩子尤其明显。中国学者的研究也发现，幼儿园里的孩子，父亲参与育儿越多，孩子的自我控制能力就越强。所以爸爸带孩子绝对是很重要的。

当然，爸爸们也确实有难处，他们工作更忙，没有那么多时间陪孩子。但是，重要的不仅是数量，还有质量。爸爸时间虽然少，但是如果和孩子在一起的时候能够全身心地投入也很好。不要一边带孩子一边想着工作的事情，或者扔个玩具给孩子玩，自己坐在旁边刷手机，那就反而给了孩子一个不专注的榜样，还不如不带孩子。

我也特别忙，但只要回到家里，我都会拿出时间全身心地和孩子在一起，给她高质量的陪伴。我发挥自己专业的特长，**不仅给她爱，还很**

仔细地观察她，试图理解她。所以我可以不谦虚地说，我是家里最懂孩子的人，而且孩子跟我也最亲。

爸爸带孩子可以多发挥自己的特长。男性一般更爱玩，所以就可以多和孩子玩些游戏，尤其是那些需要使用身体的游戏。比如，我会和孩子一起开亲子运动会。因为北京经常雾霾，我们就在家里比赛，仰卧起坐，打乒乓球，甚至扳手腕，都可以和孩子玩。如果住房条件许可，还可以比跳绳、拍篮球。

当然你要让着孩子一点儿，不要他才拍10个，你一口气拍了100个，他就会失去兴趣了。你最好故意输他一点点，然后偶尔赢他一点点，这样才能最好地激发他的热情。当然，有些比赛你是不需要让的，就是那些比身体柔韧性的，像体前趋、劈叉什么的，那你是输定了的。

现在很多爸爸不和孩子玩的原因是工作太累了，没时间，回家就想休息。其实他们的工作大多数是脑力劳动，这个时候转换频道，和孩子玩些运动游戏，既增进了亲子关系，又锻炼了自己。因为对于脑力劳动者来说，最好的休息不是睡觉，而是身体运动，这是一举两得啊。

所以除了开亲子运动会之外，你还可以试试其他一些身体游戏。最简单的就是打架，哪怕你家是女孩，也可以玩一些对抗性的游戏，比如枕头大战。你可以和她像电影里那样，两个人拿着枕头对打。

也可以不那么暴力，你用枕头垫在肚子上，让他冲过来，看他能不能把你扑倒。当然你要装一下，大概两三次后就倒一下，让他比较有成就感，然后就轮到你再去扑他。

还有一些不那么消耗体力的，比如投篮比赛。你在墙上贴张纸，上面画个篮筐，然后你们俩拿袜子团在一起，或者毛巾啊衣服啊卷成一个球，往篮筐里投，看谁投得多。

还有一个游戏，吹乒乓球。有点儿像台球，你在桌子的四个角下面都放一个筐，用纸叠也可以，然后把乒乓球放在桌子中间，大家轮流把球吹到指定的筐里去。这个游戏听上去很简单，但是真做起来就会发现难度也不小，挺好玩的。

哪怕是对于两岁以下的小宝宝，你也可以和他们玩身体游戏，比如把他当道具用。我女儿小的时候，我喜欢躺在床上，把她当哑铃举，她被举得可开心了。

除了上下举之外，还可以左右转，就是把她举高之后，你身体往左转过去，把孩子往左降落在床上，嘴里还可以模拟飞机降落“呜”的声音，然后再往右转，这可以锻炼你的背部肌肉。

还有缓和一些的，也是最简单的，就是抱着他，轻轻地晃动，这些都能刺激宝宝的前庭系统，对他的大脑发育很有好处。

当然，也可以不把他当道具用，而是让他做你的跟屁虫。孩子天生喜欢模仿大人，所以你可以躺在床上或者地板上，做出各种身体动作，比如瑜伽里的身体拉伸，他会很好奇地观察你，然后挥舞着小胳膊、小腿跟着你做，一边做一边笑，非常好玩！

孩子刚学会走路以后，还可以玩大人、小孩一起走路的游戏，就是让孩子把脚放在你的脚上，你扶着他，一起走路。一开始先走简单的，小步直走，然后就可以玩些转弯、后退、大步走这些花样，孩子会非常喜欢。这些游戏，不仅你自己玩得开心，给了孩子宝贵的父亲陪伴时间，而且也锻炼了孩子的身体，发展了他们的游戏力。

和宝宝玩游戏要专注，不要太功利，要遵守游戏规则。

当然，我最后也还要强调几点。爸爸和孩子玩游戏的时候，**第一要专注**。不要抱着应付的态度，而要全身心地投入，就算是故意输，也要输得专业一点儿啊。

第二，不要太功利。虽然我们一直说这个游戏有利于孩子的大脑，那个游戏有利于孩子的身体，但是玩的时候，游戏就是游戏，不要总想着游戏的教育功能什么的，纯粹的就是玩。

第三，一旦开始游戏了，你和孩子就是平等关系。不要玩着玩着，又忽然拿出爸爸的身份来训斥孩子一顿，或者做一番道德教诲。尤其要注意的是，在游戏当中不能修改规则。无论你是觉得“哎呀，这么玩没意思”“那么玩没有达到锻炼孩子的目的”，或者“嗯，孩子输得都快哭鼻子了”，也应该在游戏结束后再和孩子商量修改规则，这样才能培养孩子遵守规则、接受结果的意识，因为游戏力不是说你爱玩就行了，还得尊重游戏本身。

中国父母育儿的一大弊病，就是过于功利。**功利是内在动机的头号杀手，因为内在动机就是做事是出于对这件事情本身的喜爱，而不是出于外在的算计**。本书一直在强调，如果你考虑过多外在的因素，就会减弱你的内在动机。游戏力是对这一弊病的解毒良药，因为它让孩子抛开功利，用重在过程的心态享受事情本身的乐趣，这就是最纯粹的内在动机。

跋

一

中国人喜欢说“养儿方知父母恩”，但我在有孩子之前，就对父母非常感恩。

这倒不是说我有多孝顺、天生知道感恩，而是每当我回忆童年，或者听到别人对父母的描述时，就由衷地感谢自己的父母。他们的抚养方式，总结起来就是两句话：“有人爱，没人管”。

“有人爱”是因为我爸妈都有工作，所以小时候由外公外婆带我比较多。外公家风极正，儿女和谐，成家后也仍然来往密切。我可以说是在一个大家庭长大的，得到了远不止父母二人的爱。

“没人管”是因为我家的学习气氛很好，外公笃信耕读传家，四个女儿全部读到初中以上。这在当时曾被村里人大为嘲笑，因为外公家并不富裕，比如我妈，必须在别人自习的时候自己做针线活补贴家用，干完活了才能学习。但她因此后来成为村里的赤脚医生，再后来到乡里的医院工作，用知识改变了命运。

我父亲也最爱看书。他的父母都是农民，但是他考上了大学，在当地的农业技术学校教书。他有一个在当地可以说是绝无仅有的大书橱，这使我从小就喜欢看书，成绩也一直非常好，学习从来不用大人管——这是那时候大人对孩子的最高要求了，因此，我小时候就没有受过任何管束。

我确实是一个非常幸运的人。父亲的学校为了响应国家号召，从城市迁到了农村，所以我既不用干农活，又可以在农村的广阔天地里无拘无束地长大，田野里全是好玩的东西，邻居家尽是相投的玩伴。

但是，“没人管”不等于没家教。家人很少对我进行道德言传，因为他们的身教已经足以对我潜移默化。

外公文化程度并不高，但为人正直、急公好义。有一次，他扛了五六十斤竹子到三十里外的地方去卖。一同去的另外一个人，卖竹子的钱被偷了，结果哭着不敢回家，因为他老婆很厉害。外公怕他出事，就给了他五块钱。那时的五块钱很值钱。他有两个叔伯兄弟，为界址吵得要动手，他早劝哥哥晚劝弟，两人互不相让，最后他割了自己的自留地平息矛盾。这大概就是子夏所谓“虽曰未学，吾必谓之学”吧。

父亲由于业务水平高，曾被推举为教研室主任，但他坚辞不就，因为他为人散漫、心思耿直，自知不是当官的料。但他的工作态度又极其认真，农校造灌溉水塔时，本来要花大钱从外面请技术人员，是他冒险爬到水塔上，把机器装好。还有一次，农校买了新式拖拉机，他那时已经生病了，仍然抱病把拖拉机从外地开了回来，为农校省了一大笔运输费。

父亲也喜欢帮助别人。他在学校里是教机械的，会修表，同事的表坏了，都是拿到我家来，他给免费修。他在全市的书法比赛得过奖，又会篆刻，能给别人刻章，每年过年就为别人写春联，当然也都是白送的。

桃李不言，下自成蹊。家人很少对我进行道德教诲，但我自然而然地继承了他们的价值观。这套价值观已经流传千年，自洽、有美感、可操作，虽然也常吃亏——但是哪套价值观能包打天下呢？——替我一劳永逸地解决了人生的最大问题。

所以我才会主张自主教养，因为我就是自主教养大的。童年的物质虽然匮乏，但是我有一个健康的心理和精神环境。父母、外公外婆和更多的家人给了我充分的爱，又给了我充分的自由，而这又都统一在一套坚实的价值观之上。每当我回忆过去，就对他们充满感激之情。

二

“你混得不好。”今年年初我回老家时，我的一个姨父对我说。

这当然让我有些伤心，因为这个姨父和我非常亲，相当于半个父亲。长辈的不认可，无论如何都是很打击人的。

但其实我更多的是惊讶，因为我从小就是传说中的那个“别人家的孩子”：成绩好，一路上的都是最好的学校；品行也好，善良、诚实、温和、上进。姨父一直以我为荣，我还以为他现在也仍然对我非常满意，没想到已经是差评了。

当然，差评也不奇怪。我的小学同学里有些人成了身价不菲的老板，中学同学里有级别挺高的干部，大学同学里更是遍布清华北大、海外名校的教授。相比之下，我既没钱，也没权，也没名，所以姨父说得对，我混得不好。

而且我还不能怪他取样偏差，拿我和同辈中最优秀的比，因为至少在他最熟悉的中小学阶段，我都属于最优秀之列，所以他当然觉得我现在的成就，配不上当初的期望。

好在我知道这是为什么。我目前的状况都源于我自己的选择。

我大学学的是化学，但是我并不喜欢。我考大学时报的是物理系，结果高考没考好，被大学重新分配到了化学系。当时转专业很难，我只能硬着头皮念完了大学，在做毕业论文时，选了一个离化学最远的方向：计算机化学，靠写代码避开了瓶瓶罐罐做实验的命运。

我到美国留学后才惊讶地发现，原来转专业这么容易，于是就转到了计算机专业，毕业后做了一名软件工程师。工程师的人生路径非常清楚，不会大富大贵，但也中产无虞。本以为我的人生就这样了，但到三十岁之后，我开始思考一个问题："幸福到底是什么？大家都在说幸福，科学对幸福是怎么说的呢？"

我上网去搜，结果发现了一门从没听说过的学问，叫积极心理学，研究人类的正面心理。除了幸福之外，还研究品格、创造、美、人生意义等。这立刻把我给吸引住了，因为作为一个成长于二十世纪八十年代的人，意义一直是我人生中最重大的命题，也是最深层的困惑。

"科学还能研究人生意义？"我立刻去上了积极心理学的研究生。

上完之后就发现上当了，科学不能告诉我人生意义是什么。但是，研究生阶段对我最重要的却不是知识，而是体验。我开始意识到情感、身体、爱的重要性，我知道了自我并不存在，人生意义是个伪命题，人生的本质在于过程，在于每天的日常生活，在于你身边的人，在于你做的每一件事。自我和意义是为了方便这些过程而发明出来的工具，而不是像我以前误以为的，为了寻找自我和意义，我们才去经历这些过程。

这让我从一个理工男变成了鸡汤叔。我对人生的看法有了一个大幅转变，我更看重每一天细小的情感、健康和爱，而不再沉迷于对宏大话题的追寻。

我也很自然地想到："如果积极心理学对我有用，那对其他中国人应该也有用。"美国并不是我的用武之地，因为像我这样的应用积极心理学人，美国有的是，但中国大陆当时却一个也没有；更因为中国人那些在社会转型期的挣扎，远离乡土的痛楚，旧信仰已经破碎、新信仰杳无踪迹的迷茫，以及从中走出来的心路历程，和美国人难以解说，和中国人却尽在不言中。

于是我辞掉了工程师的工作，回到中国开始做积极心理学。这个过程非常艰辛。俗话说：转行穷三年，何况我转了两次行，现在当然是属于"混得不好"之列了。

但这些都是我的自主选择。如果我不做这些重大改变，现在应该也不失一个美国大学老师或者工程师，一房两娃，一狗两车。但是我更看重的，是和一群志同道合的人在一起，做自己喜欢而又有意义的事情。

至于物质方面，我无可抱怨。我到城里上高中时才第一次听说了计算机，到大学的时候才听说了心理学，到美国后才听说了金融。生于农村、长于小镇，我并不奢望更多。假如我父亲当年没有选择回家乡农校，而是继续在城市里工作，我会不会能尽早接触到更多资讯，少走很多弯路？假如我母亲当年没有让我连续跳级，使我过早地上大学，我会不会能更好地选择专业，或者至少高考考好一点，不至于被分配到一个自己不喜欢的专业？

很有可能。但是，我对于自己的命运没有什么可责怪的。孔子五十而知天命，我虽然还没有到五十岁，但也已明白这就是我的道路。上帝抛出一只骰子，我在预设的田野中穿行。我不介意这条路特别的泥泞，只感谢我降落在一片青草地里，让我一路走去，都有闻见清香的能力。

毕竟，在经历了这么多角色转换、专业切换，在物质条件时好时坏，在看到这么多人在光鲜背后的代价之后——上市公司老板因为家庭问题而痛苦不堪，亿万富翁每天活在资金链断裂的刀锋之上，处级干部年纪轻轻喝出了肝癌，以及这些问题都没有、财务自由、人人称羡却内心一片空虚茫然的成功人士——我早已明白人生最重要的，不是那些外在的指标，而是内心的充实。我也曾为自己的天赋沾沾自喜，陶醉于做“别人家的孩子”，但现在我知道，我家人给我最宝贵的财富，不是“聪明”的基因，而是小时候的爱、价值观和自主性。它们让我最终找到了人生意义。

所以，如果一定要我为育儿定个目标的话，那就是：当孩子成年之后，无论他是否成功，我希望他有爱好、能爱别人，知道什么有价值，知道自己的人生要如何度过。因此，我把爱、价值观、自主性放在育儿的首位。我最大的愿望，就是孩子在人生的潮起潮落里，内心逐渐获得意义。

三

我不但不属于“养儿方知父母恩”，相反，我是“养儿方知父母福”。

有一个如此脆弱、柔软的生命交到你手中，让你照料，让你影响，让你注视着他在眼前逐渐长大，慢慢地变得越来越像你，又越来越不像你，走上另一段精彩的人生，带着你和他之间深深的爱——这是何等的奇迹，又是何等的福分啊！

我享受和孩子在一起的每一刻时光。如果是和他们一起玩，我就把自己降到和他们一样的心智，和他们一起嬉笑，一起对最平常的事情大惊小怪，一起胡言乱语，仿佛是重过一次童年；或者就是平常无数的普通时光，陪伴他们、安慰他们、帮助他们，当然也管教他们。如果是教他们东西，我就想象他们脑中那上千亿个神经元正如同火山爆发一样发电、发光，无数新的连接在建立，无数旧的连接在消失，而记忆、偏好、语言、技能，就在这一过程中诞生。

这一切对我都是莫大的享受，因为我做这些事情，不是为了开发他们的智力，或者培养他们的什么能力，而是因为和孩子一起成长，本就是我人生意义的一部分。换句话说，这些时光本身就是我活着的目的之一，当我处在这些时光之中时，我不再想着我还要从这里驶向何方，或者在这段时光里我要达到什么目标。

不，当我和孩子在一起的时候，我感到仿佛有一束光从天上照射下来，笼罩在我身上。我已达到我人生的一个终极目标——内心平安喜乐，全然放松地享受这一刻。

我属于敬畏敏感性心质，仿佛所有的事情，只是在智识上理解是不够的，还要在本能上内化到直觉，我才能完全接受，不然就会惊奇、赞叹、敬畏。而且，知识越多越敬畏，因为知识越多，解构的东西就越多。本来直觉上理所当然的事情，在发现了它的深层原理之后，再看它时，就充满了神秘。

孩子是这一切神秘的集大成者。他像一件神迹呱呱落地，两段DNA的相逢，竟然能造就一个生命。当他玩耍、尝试一样新东西，或者凝视窗外时，我喜欢凝视着他；甚至当他发脾气时，我也会想象他的大脑里那些复杂的算法，CPU高速运转，信号奋力奔跑在边缘系统和前额叶之间，语言、表情、身体，以令人难以置信的程度被协调一致，变成了我所能理解的喜怒哀乐。

而最神秘的，是爱。当他在一群家长中一眼认出我时的欢欣鼓舞，当他在遇到问题时不假思索地找我求助，当我们走在路上，我伸出一只手，他就自动来握住的时候，我就会想：他为什么对我这么信任？这反映在大脑里是什么呢？依恋的本质是什么？爱的本质又是什么？

四

是的，是孩子，让我开始真正触摸到神性。

因为还有苦难。

我曾在一次教育论坛上，听一位老师讲如何帮助班上的自闭症孩子。故事很沉重，过程很艰辛，付出心血无数，回报却似乎甚微。老师又讲到孩子的父母，是海外回来的一对高级知识分子，对老师的工作非常支持，对孩子的情况也是心力交瘁但却尽力承受。当他描述这对父母时，我忽然感到舞台翻转，聚光灯刷地向我照来，听众的身份如同盔甲般碎裂，父母的身份从内心最柔软的地方缓缓升起，轻轻问我："如果这是你的孩子，你会怎么办？"

很显然，毫无办法。只能像那对父母一样，心力交瘁却尽力承受，尽力承受得心力交瘁。

当然，感谢上帝，我的孩子没有自闭症。可是，他终归还会有其他苦难。

天使如风般在我耳边吹过一首诗：

我知道，我的孩子
痛苦会一次又一次地攫住你
你会在比赛中失败
你会在考试中落榜
你会为一个女孩痛哭
最终仍然失去她
你会经历背叛
你会经历抛弃
你会被欺骗
你会被羞辱
你会在漆黑的夜里被良心责问
你会在时代的洪流前迷茫困惑
生活是荆棘扎起的王冠
翻滚在你的生活，刺扎着你的心灵，改变了你的容貌

我并非不知道你的痛苦
却只能在远方
束手旁观

你总让我屏住呼吸

就像神迹一样在我面前徐徐展开
父性开始于第一次给你喂奶
全然专注于你的需求
神性开始于第一次想象你的苦难
颤栗的泪水

你不属于我
也不属于你自己
而是属于神秘的生命自身
我只能看着你
像神迹一样在我面前徐徐展开
充满敬畏

在想象孩子未来苦难的那一瞬间，我触摸到神性，因为我深深感到自己的无力。与命运为孩子的安排相比，我是那么微不足道。无论你多么想保护他，仍然会有你无法预测的苦难降临到他头上；无论你怎么样教导和照顾，他的内心仍然会被愤怒、难过、虚荣、嫉妒和贪婪所噬咬；无论你怎样为他付出，他一定会在某个时刻伤你的心，说出怨恨你的话。

在想象孩子未来苦难的那一瞬间，我触摸到神性，因为我同时我深深感到自己的力量。因为我也曾在比赛中失败，曾在考试中落榜，曾为一个女孩痛哭，最终仍然失去她。我曾经历背叛、经历抛弃，曾被欺骗、被羞辱，曾在漆黑的夜里被良心责问，曾在时代的洪流前迷茫困惑。生活如同荆棘扎起的王冠，翻滚在我的生活，刺扎着我的心灵，改变了我的容貌。

但我仍然站在这里。有人爱，有爱人。世界的复杂性曾让我愤怒，如今给我带来的是好奇。知识和思考解构着世界，但又在生活中重新整合，归于人生本身。世界仍然让我不确定和困惑，但我可以给以善意。

这是我的光荣和骄傲。我的孩子也将拥有这种力量。我为什么要害怕他的苦难呢？我为什么非要保护他到最后一个角落呢？

让他去经历那些苦难吧，我本来就无能为力。他的苦难会让我泪水盈眶，但那是他本来就应该经历的人生。苦难杀不死他，只会让他更强大。虽然他不知道，但神性在他的心中。

就在一刹那，我感觉到孩子离开了我。他不再是我脑中无时无刻不在运转的后台进程，他不再是我的一部分。**我对他有义务，却没有权利；我能影响他，却不能塑造他。**他是我的选择，他给我爱，他让我变成一个更好的人，他让我触摸到了神性。我和他的神性相通，我和他共享许多记忆、情感和偏好，但我们终归是两个不同的人。我们将各有自己的漫长人生，神迹在我们各自的人生中徐徐展开。

于是，天使在我的另一侧耳边吹来了诗的结尾：

当然，还有欢乐和希望
我知道我会在你的婚礼上流泪
我希望你会在我的葬礼上微笑
而你的孩子
也将在你的葬礼上微笑

致谢

本书能够出版，首先要感谢我在爱贝睿的同事魏坤琳、阳志平、王薇。对于自主教养的理论和观念，我很早就开始思考，但是对于具体方法，是在他们的催促和帮助下才整理成型的。爱贝睿先为我在喜马拉雅FM开了一个音频节目《小事情撬动孩子大能力》，逼得我把这些方法都写了出来，然后又帮我联系了出版社，设置了最后期限，不然我还不知道会拖延到何时。

坤琳和志平知识广博、思维活跃、思考严谨，熟悉科学界最新动态，从他们身上我获益良多，对我的思考、学习和写作帮助极大，是我的良师益友。坤琳还参与到《小事情撬动孩子大能力》的创作中，内容也被整理收录到本书中，对我支持极大。

薇姐认真严谨、热心负责，和爱贝睿的其他同事曹莹、张俊丰、秋晓晓、杨扬、罗植文等人一起，把我的想法一点一点地转变为一个音频节目，又落实为一本书，是这本书最大的幕后功臣。感谢你们！

感谢本书编辑刘宁老师，极为认真负责，和我不但在育儿理念上相近，在文字上的趣味也相投。由于本书中方法部分基本来自于《小事情撬动孩子大能力》这个音频节目，其风格和书面文字相当不同，多亏刘老师的整理，才使得本书的风格趋于一致。

感谢我在清华大学心理学系的导师彭凯平教授。我的研究方向就是自主与幸福，在和彭老师的多次讨论中，在他的指导阅读下，我对这个主题的认识更深更广了。也要感谢彭老师宽容地给予我极大的自主和时间，让我可以把这些想法发展、整理成一本书。

感谢我的同门师兄徐卓。他和我一样是理工科出身，有长期海外经历，最终转入心理学，并都发现了自己身上的儒家价值观的根。他是后现代主义取向的心理咨询师，每次和他讨论完后，我都发现我其实是在“后现代育儿”。

当然，最需要感谢的是我的家人。首先是我的原生大家庭。正如我在跋里所说，我的父母和外公外婆大家庭，给了我无比幸福同时又家风极正的童年。当我写这本书，包括我平时带孩子时，都会无数次地回到自己的童年，想一想自己当年在类似的场景下，是怎样的经历和感想。每一次回忆都让我感激和庆幸——他们给了我安全感、好奇心和价值观，这本书的第一作者其实是他们，书中的各种现代科学研究只是印证了他们的正确。

其次要感谢我的妻子和她的父母。妻子对我的人生意义重大。她和我共同塑造了现在这个小家庭，也是我最重要的育儿同伴：认同、分歧，合作、分工，担忧、欣喜，以及最重要的，共同的爱。我的岳父、岳母也帮我们承担了很大一部分育儿事务，他们任劳任怨、尽心尽责，对孩子发自内心地深爱。他们也是我写作本书的部分思想来源，更不用说，他们的贡献让我可以腾出足够的时间来完成本书。感谢你们的付出！

当然，最后也是最重要的，我要感谢我的孩子。这两个宝宝！怎么说呢……我简直可以为他们再写一本书！但是在这里，爸爸只能简短地感谢你们，感谢你们选择做我们的孩子，感谢你们如此独一无二，感谢你们给了我一个机会，让我可以和你们一起成长。